OLHOU PARA ELE COM AMOR
Psicologia da vocação na fase da juventude

COLEÇÃO EDUCAR PARA A VIDA

- *Conduziu-o até Jesus*: psicologia da vocação na adolescência – Franco Imoda (org.)
- *Olhou para ele com amor*: psicologia da vocação na fase da juventude – Franco Imoda (org.)
- *Mestre, onde moras?* discernimento da vocação – Franco Imoda (org.)
- *Buscando Jesus*: caminho e acompanhamento vocacional na adolescência – Franco Imoda (org.)
- *Os sentimentos do Filho*: o caminho formativo na vida consagrada – Amedeo Cencini

Franco Imoda
(organizador)

OLHOU PARA ELE COM AMOR
Psicologia da vocação na fase da juventude

Dados Internacionais de Catalogação na Publicação (CIP)
(Câmara Brasileira do Livro, SP, Brasil)

Olhou para ele com amor : psicologia da vocação na fase da juventude,
volume 2 / Franco Imoda (organizador) ; [tradução Clemente
Raphael Mahl]. – São Paulo : Paulinas, 2002. – (Coleção Educar
para a vida)

Título original: Fissatolo lo amò : psicologia della vocazione
nell' età giovanile.
ISBN 85-356-0438-3

1. Juventude – Vida religiosa 2. Vocação religiosa – Aspectos
psicológicos I. Imoda, Franco. II. Série.

02-0837   CDD-253.2019
                                                                    –248.894019

Índices para catálogo sistemático:

1. Psicologia da vocação : Cristianismo   253.2019
2. Vocação religiosa : Aspectos psicológicos: Cristianismo   248.894019

Título original da obra: *FISSATOLO LO AMÒ* – Psicologia della
vocazione nell' età giovanile
© Ancora srl, Milano, 1996

Realizado em colaboração com o Instituto de Psicologia
da Universidade Gregoriana e o Centro Diocesano Vocacional de Roma

Tradução: Clemente Raphael Mahl
Citações bíblicas: Bíblia Sagrada – Edição Pastoral,
São Paulo, Paulus, 1990

2ª edição - 2006

---

*Nenhuma parte desta obra poderá ser reproduzida ou transmitida por
qualquer forma e/ou quaisquer meios (eletrônico ou mecânico,
incluindo fotocópia e gravação) ou arquivada em qualquer sistema ou
banco de dados sem permissão escrita da Editora. Direitos reservados.*

Paulinas
Rua Pedro de Toledo, 164
04039-000 – São Paulo – SP (Brasil)
Tel.: (11) 2125-3549 – Fax.: (11) 2125-3548
http://www.paulinas.org.br – editora@paulinas.org.br
Telemarketing e SAC: 0800-7010081
© Pia Sociedade Filhas de São Paulo – São Paulo, 2002

APRESENTAÇÃO

Ainda hoje, o Senhor se faz presente e encontra jovens à sua procura, que se questionam e lhe perguntam: "Bom mestre, que devo fazer para ganhar a vida eterna?". Esse encontro em que Jesus "olhou para ele com amor" é um chamado. E nesse chamado entrelaçam-se, em uma trama complexa e maravilhosa, acontecimentos, relações e reações que fazem parte da história humana, pessoal, como na história do Povo eleito se fundiam as intervenções de Deus com as tramas dos acontecimentos humanos. Não é de se estranhar que o caminho do Senhor queira avançar e quase ocultar-se nos caminhos que cruzam o coração humano. A voz de Deus não pode confundir-se simplesmente com os desejos, os sonhos, as ilusões, as desilusões, as rebeldias nem mesmo com as intenções, os planos e as deliberações que se originam no espírito humano. Mas, Deus tem necessidade de todas essas mediações, e delas quer valer-se para comunicar-se com seus amigos. Como deixar de prontidão o olhar e o ouvido para, por meio da inevitável ambivalência desse nosso universo transparente e opaco, descobrir a voz e o caminho do Senhor nas vozes e nos caminhos do homem? Eterna busca da alma essencialmente religiosa.

É em torno dessa área que gravitam as matérias deste pequeno livro. Em meio à busca de elementos de discernimento no diálogo entre as diversas "vozes".

Nos anos 1990, 1991, 1992, no período de janeiro-março, a pedido do padre Paolo Selvadaggi, Reitor do Seminário Menor de Roma, realizaram-se nessa cidade, na sede do próprio Seminário, três ciclos de conferências para promotores e promotoras vocacionais. Cada ciclo previa seis encontros. Para a realização das conferências pediu-se a colaboração do Instituto de Psicologia da Universidade Gregoriana de Roma. Os conferencistas que aceitaram participar eram todos estudantes do segundo ou do terceiro ano do referido Instituto, jovens religiosos, religiosas ou sacerdotes. Vários deles já haviam trabalhado na formação no âmbito dos respectivos Institutos. A preparação das conferências deu-se com a orientação dos professores, mas o mérito principal, sem dúvida, continua sendo o de cada conferencista. Eles foram estimulados mais a comunicar algo aos ouvintes — deixando para registrar como notas de rodapé eventuais considerações de cunho mais técnico — do que a dar provas da ciência recentemente adquirida.

Com a certeza de que naqueles contatos se encontravam numerosos e interessantes conceitos e reflexões, testemunhos de entusiasmo e de um sincero desejo de colaboração nesse campo, a Editora Paulinas decidiu publicar o conjunto dessas palestras.

Os volumes contêm os três temas principais desenvolvidos em cada ano: 1. "Conduziu-o até Jesus" — Psicologia da vocação na adolescência; 2. "Olhou para ele com amor" — Psicologia da vocação na fase da juventude; 3. "Mestre, onde moras?" — Discernimento da vocação. Os temas são apresentados com a esperança de poder oferecer pistas para reflexão e ajuda para quem, em nosso mundo tão disperso e obscurecido, atua na delicada e maravilhosa tarefa de promover e discernir os chamados que surgem para a consagração e para um serviço oferecidos ao Senhor. O trabalho a desenvolver e o caminho a percorrer serão sempre maiores que as nossas capacidades e jamais serão exauridos. Contudo, qualquer passo que se dê, por menor que seja, pode ser justamente aquele que introduza a Presença do Amigo que nos chama.

Um agradecimento especial à irmã Paola Magna que se dedicou aos textos, revisando-os quanto à forma e ao estilo.

Franco Imoda, sj.
Bartholomew Kiely, sj.

1. FORMAÇÃO PARA OS VALORES RELIGIOSOS

E.-M. Zierl

O fim último da vocação cristã

Quem se põe a caminho para viver a vida cristã é semelhante a um investigador que vai atrás das pegadas, dos vestígios. Não se consegue ver a pessoa seguida (ou seja, Cristo), mas pode-se descobrir apenas as pegadas e tentar identificá-las. Uma porção de pequenos sinais podem manifestar-se para entender para onde conduzem as pegadas de Jesus na própria vida, mas essa arte de saber identificar as pegadas não é fácil.

A formação para a vida vocacional[1] ou, em outras palavras, a formação para os valores religiosos, é esta: ajudar os jovens a descobrir, interpretar e identificar as pegadas de Jesus na própria vida e a segui-las.

Implícito nessa imagem está também o que entendemos quando falamos dos "valores religiosos", isto é, não se trata de uma norma precisa sobre como compor-

---

[1] As idéias básicas foram tiradas de dois volumes de antropologia da vocação cristã: RULLA, L. M. *Antropologia da vocação cristã*. São Paulo, Paulinas, 1987. RULLA, L. M.; RIDICK J.; IMODA, F., *Antropologia della vocazione cristiana (II)*. Conferme esistenziali. Casale Monferrato, Piemme, 1986.

tar-se, como também não se trata de um conceito abstrato de bondade, mas, em última análise, os valores religiosos são uma pessoa: Jesus Cristo.

Só uma visão clara e consciente do nosso ponto de chegada pode ajudar a trabalhar mais em detalhe os diversos passos que depois podem servir de ajuda para alcançar esse fim. Parece, portanto, oportuno começar com o fim último da vocação cristã e questionar-nos de novo a respeito desse ponto sempre atual.

A que somos chamados e em que queremos ajudar os jovens adultos a nós confiados? São Paulo declarou-o de modo bem condensado: "Eu vivo, mas já não sou eu que vivo, pois é Cristo que vive em mim" (Gl 2,20).

Na imagem aludida, as pegadas de Jesus tornam-se sempre mais claras e numerosas. Embora não o consigamos ver nesta vida, podemos, contudo, encontrá-lo de fato. E aqui está a diferença: encontrar Jesus pela primeira vez e continuar a encontrá-lo muda a vida. Passa-se de uma vida mais ou menos monótona e superficial para uma vida plena e profunda.

Um teólogo observou que, ainda que Paulo na frase indicada possa dizer que não é mais o sujeito do seu próprio viver, a maneira pela qual o faz (em grego) significa que o viver de que fala agora é, de fato, o seu viver.[2] Isso significa que só quando Cristo vive nele, é que o próprio Paulo começa a viver realmente. Assim também nós: só começamos a viver realmente quando

---

[2] Rulla, *Antropologia...*, cit.

Cristo começa a viver em nós. Este é, portanto, e em síntese, o fim último da vocação cristã: que Cristo viva cada vez mais em nós.

Dito isso, que pode soar como óbvio, vamos fazer uma observação mais detalhada. Na verdade, falando com qualquer jovem e, talvez, inquirindo-o sobre qual é, em sua opinião, o sentido da vida, é pouco provável que responda imediatamente: "Quero que Cristo viva cada vez mais em mim". Talvez fale de vários desejos, do sucesso na sua profissão, da busca de felicidade, da vontade de formar uma família ou até da decisão de fazer o bem pela sociedade... Isso quer dizer que estão presentes aspirações, projetos mais ou menos claros e mais ou menos limitados, ou melhor, esperamos que seja assim. Digo "esperamos" porque, em nosso tempo, marcado por uma grande indecisão e por uma crescente passividade na vida de muitos jovens (pense-se nas formas "passivas" de buscar entretenimento, como ouvir música durante horas, assistir à televisão etc.), pode acontecer que o primeiro passo para a formação dos valores religiosos deva consistir em um estímulo para ter desejos próprios, não em sentir vagamente a saudade por algo indefinido, e sim em ter propósitos pessoais precisos e determinados, já que só o determinado é bom, como diz Lonergan.[3]

Já este primeiro ponto não é assim tão claro e fácil como pode parecer. A razão disso pode ser esclarecida por uma citação do livro *Ortodoxia* de Chesterton:

---

[3] LONERGAN, B. *Method in Theology*. New York, Herder e Herder, 1973. p. 36.

Desejar uma ação é desejar uma limitação. Nesse sentido, qualquer ato é um ato de auto-sacrifício. Escolhendo uma coisa, você recusa todas as outras. [...] Todo ato representa uma escolha e uma exclusão irrevogável; [...] assim, quando você toma uma decisão, você renuncia a tomar outras. Se chegar a ser rei da Inglaterra, você renuncia ao posto de bedel em Brompton. Se se mudar para Roma, você vai sacrificar uma vida rica e encantadora em Wimbledon.[4]

Por um lado, é preciso ter coragem para ter anseios nesse sentido específico e tomar as decisões necessárias. Entretanto, só há alternativas para quem quiser ser "espectador da própria vida", deixando de vivê-la intensamente. De alguma forma, pode-se encontrar uma analogia com o telespectador: se ele se pusesse a mudar de canal sem parar, ele não veria nada e ficaria por fora de todos os programas.

Vamos supor que se supere este primeiro passo e que realmente se encontrem os desejos fortes e definidos para uma vida rica e criativa. É esse o aspecto da personalidade do jovem que, de acordo com o conceito psicológico, se pode chamar "Eu ideal", que "representa o que a pessoa deseja ser ou tornar-se. É o mundo das aspirações, dos projetos e, às vezes, dos sonhos e ilusões".[5]

---

[4] CHESTERTON, G. K. *Ortodossia*. Brescia, Morcelliana, 1945. pp. 55-56 (Ed. port.: *Ortodoxia*. Porto, Livraria Tavares Martins, 1944).

[5] CENCINI A. & MANENTI, A. *Psicologia e formação*. Estruturas e dinanismos. São Paulo, Paulinas, 1995. p. 146.

Então, é a própria pessoa que vai construir o seu ideal com os seus desejos pessoais? Em parte, sim. Contudo, embora a pessoa com as suas decisões forme sempre mais especificamente aquilo que quer ser ou tornar-se, isso não é absolutamente algo arbitrário. Existe já um "Eu ideal" que nos acompanha, só pelo fato de sermos homem ou mulher. Existe na pessoa a capacidade de "ir além", de ultrapassar o âmbito estreito do seu ser criatura limitada, pelo menos na sua intencionalidade. É a capacidade da autotranscendência que se descobre, por exemplo, ao se voltar a atenção para o processo do conhecer, como o traçou Lonergan.[6] Por meio dos processos psíquicos da experiência, da intelecção, do julgar e do decidir, a pessoa constantemente percebe a necessidade de questionar-se sobre assuntos que ultrapassam aquilo que já conhece. Em palavras mais simples: o fato de podermos colocar as questões e até questionar-nos sobre o próprio ato de colocar-nos questões demonstra que há uma abertura ao Infinito, uma abertura para Deus.

Por isso, todas as demais respostas que se possam encontrar para a exigência de se formar um Eu ideal (encontrando o próprio ideal no êxito, na riqueza, na beleza, no amor romântico etc.) forçosamente, com o passar do tempo, serão insuficientes. Não basta nem mesmo a autotranscendência filantrópica, que busca o último significado da existência na comunidade huma-

---

[6] Cf. LONERGAN, *Method...*, cit.

na; só a autotranscendência teocêntrica, olhando para o próprio Deus, corresponde aos desejos mais profundos do homem.

O que é preciso, então, é despertar nas pessoas a nós confiadas o sentido que cada qual carrega em si, mas, talvez, em estado dormente: o sentido de existir para algo muito grande, mais exatamente para a realidade maior, Deus.

Na formação para os valores religiosos não se trata, portanto, de impor qualquer coisa, e sim de propor o mais claramente possível aquela resposta que Deus nos dá por meio de Jesus Cristo. Trata-se de enfatizar a beleza e a atração que caracterizam a vocação cristã. De fazer ver como o chamado de Deus pode coincidir com os próprios desejos mais profundos e mais autênticos. Trata-se de tornar explícito o próprio quadro geral de vida, o sentido que se empresta à vida humana como totalidade. Kiely,[7] em uma comparação bastante detalhada com outros possíveis modos de conceber a vida, faz notar que a visão cristã oferece um horizonte mais largo, um espaço maior para viver o máximo de liberdade.

Juntamente com a sua beleza atraente, os valores de Cristo constituem também um desafio radical e difícil de ser superado. Escreve o próprio Kiely:

> Então, falando mais no sentido geral, o radicalismo do Evangelho é muito claro e totalizador. *Exige tudo do discípulo.* O cristão deve ser perfeito como o seu Pai

---

[7] Kiely, B. *Il bene e la sua valutazione.* pp. 44-60 (Texto não publicado).

celestial (cf. Mt 5,48), e também misericordioso como o Pai celestial (cf. Lc 6,36). Deve seguir Cristo carregando a sua cruz, perdoar o irmão setenta vezes sete etc. Deve amar os seus irmãos como Cristo amou os seus (cf. Jo 13,34), até o fim (cf. Jo 13,1 e 19,30...). Aqui se encontra um desafio que chega às raias do possível. O cristão, na sua vida concreta, deve imitar o Deus eterno.[8]

Kiely explica, além disso, que

o radicalismo do Evangelho não exprime uma crueldade por parte de Deus, mas uma libertação, um espaço mais amplo onde viver. O Evangelho, desafiando o cristão em todos os pontos difíceis (orgulho e desejo de ser superior aos outros, vingança, ambição em possuir etc.) e tirando-lhe os seus símbolos de imortalidade, ou seja, qualquer coisa finita e limitada a que o homem se apega, está lhe dizendo: "Você não precisa dessas tolices: você é feito para coisas maiores";... como o atleta que procurou o médico, achando-se doente do coração, e o médico aconselhou-o a participar de uma maratona, porque tinha necessidade de treinos mais duros para ficar bem. *O mesmo desafio exprime uma avaliação positiva da pessoa:* o julgamento de que é capaz, com a graça divina, de viver como o Pai Eterno: "Vocês, porém, são raça eleita, sacerdócio régio, nação santa, povo adquirido por Deus, para proclamar as obras maravilhosas daquele que chamou vocês das trevas para a sua luz maravilhosa" (1Pd 2,9).[9]

---

[8] Ibidem, p. 50.

[9] Ibidem, p. 51.

Sintetizando o que foi dito até aqui, poder-se-ia afirmar que os dois primeiros passos para a formação dos valores religiosos são os seguintes:

• despertar e encorajar a capacidade de ter desejos próprios;

• ajudar a descobrir e identificar os desejos mais profundos e autênticos, propondo os valores de Cristo na sua radicalidade e na sua validade objetiva.

Trata-se, isto sim, de encorajar a pessoa a formar o seu próprio Eu ideal e a orientar e a convalidar o Eu ideal à realidade objetiva da vida humana e da fé cristã.

Problemas que se encontram

Até aqui nos mantivemos no campo dos ideais e, talvez, alguém já esteja pensando: "Está tudo muito bem, mas a realidade não é assim".

Somos chamados a este desafio incrível e promissor: vivermos nós mesmos como Deus, isto é, aprender o modo divino de amar e encontrar assim, como efeito, a nossa plena realização. Deus nos convida a uma resposta completa e incondicional de amor, e cremos que — com a ajuda da graça — ela seja possível. Os santos nô-lo confirmam... Mas...

Vamos olhar um pouco ao nosso redor e, em primeiro lugar, olhemos para nós mesmos e para o meio em que vivemos, para a comunidade à qual pertencemos: a Igreja. São tantas as pessoas de boa vontade, mas muitas vezes o resultado nos parece pouco convincente. E se nós mesmos não tivermos convicção, como transmitir a convicção aos jovens que estão procurando tanto o sentido da própria vida como um aprofundamento da própria vocação?

Onde está o problema? Somos chamados e convidados a viver como o próprio Cristo sobre a terra, a fazê-lo viver em nós. E é este o nosso ideal, o nosso valor mais alto. Contudo, encontramos dificuldades: a pessoa não vive só de ideais, de projetos e intenções, mas de todas as forças que constituem antropologicamente a sua realidade, as suas necessidades, as suas emoções, os hábitos e as memórias que sintetizam a sua complexa evolução e história individual.

A isso se pode chamar "Eu atual". O Eu atual representa o que a pessoa realmente é — saiba-o ou não — com suas necessidades e suas atitudes, isto é, o seu modo de agir habitual.[10] "Saiba-o ou não", mostra que há a parte subconsciente, o chamado "Eu latente". O Eu latente consiste naquelas características que alguém possui, mas das quais não tem consciência. Não obstante isso, tais características fazem parte da sua pessoa e influem sobre a sua conduta.

Vamos usar um exemplo concreto

Ângela é, obviamente, uma personagem fictícia para esta finalidade. Tem vinte e seis anos de idade. Há quatro ela está trabalhando como enfermeira em um hospital.

É muito querida no círculo de seus amigos, como tam-

---

[10] Cf. CENCINI & MANENTI, *Psicologia...*, cit., p. 145.

bém pelos colegas e pelos pacientes do hospital. De fato, é carinhosa, simpática, inteligente... Sua cordialidade pode ser percebida em todos os momentos; parece uma jovem mulher capaz: sempre disponível e pronta para ajudar... Havia freqüentado o curso para tornar-se enfermeira em uma escola dirigida por religiosas. Nessa época ela não estava mais em casa, porque a escola ficava muito longe. Voltava para casa só por ocasião das férias e em alguns fins de semana durante o tempo de aula.

Aos poucos foi adquirindo mais familiaridade com as irmãs; com uma delas, sua professora, desenvolveu um relacionamento muito amigável. A religiosa convidava-a para participar da oração comunitária das irmãs e Ângela aceitava o convite. Durante o seu último ano participou regularmente. Pode-se dizer que nesse período ela descobriu o seu ser cristão como algo significativo e não apenas como fato banal, como, por exemplo, ter cabelos escuros... Com efeito, na sua adolescência a fé não tinha para ela nenhum significado especial. Preocupava-se pouco com o futuro. Sentia-se bem na família, estava contente, era dinâmica; passeava com os amigos e não fazia reflexões mais profundas. Era esse também o "clima" predominante na sua família. Na verdade, não existia nada contra a Igreja, mas também não existia um contato significativo. Ia à missa em dias de festa e aos domingos quando não houvesse algum "obstáculo" como, por exemplo, a vontade de dormir mais ou a decisão de passear fora da cidade etc.

Quando, em seguida, Ângela começou o seu curso de enfermagem, abriram-se-lhe novos horizontes. Começou a ver que as irmãs não eram como ela imaginava, ou seja, um pouco fora da realidade, "fora do mundo", por assim dizer. Pelo contrário, encontrou em algumas delas pessoas muito profundas e com isso ficou maravilhada. Um pouco mais adiante, Ângela viu pela primeira vez a morte de algumas pessoas... Essas experiências fizeram-na pensar mais. Havia começado a ler alguns livros de formação espiritual e tornara-se assídua na participação dos sacramentos e na oração. Durante o último ano de seu curso, Ângela chegou a pensar em tornar-se religiosa. Chegou a sentir uma atração e um desejo muito fortes de entregar-se completamente ao Senhor.

Terminado o curso, quis antes fazer uma experiência no campo profissional e começou seu trabalho no hospital. Juntamente com uma amiga, alugou um pequeno apartamento e alegrava-se pelo fato de sentir-se livre, morando sozinha pela primeira vez. Reiniciou o contato com os amigos de antes e o apartamento estava sempre "cheio de vida", com muitas visitas e telefonemas Ângela realmente tinha as melhores intenções de continuar regularmente a vida de oração a que se habituara antes. Mas, passadas algumas semanas e depois por um bom período, isso tornou-se difícil para ela: ou alguém lhe ligava bem naquele momento ou então a noite já avançava e ela sentia-se cansada demais...

Passam-se quatro anos e Ângela ainda continua com dúvidas quanto à sua vocação. Várias vezes vai encontrar-se com as irmãs, mas sempre volta da casa delas com um novo propósito, com algum novo arroubo para a sua motivação. Algumas vezes quase decidiu ingressar na Congregação, mas em seguida lhe vinha um pensamento "terrível": "Que é que vão dizer os meus amigos quando me virem vestida de freira, aqueles com os quais eu ia às danceterias? Vão me chamar de louca?".

Continua serena e disponível, mas no fundo não demonstra estar satisfeita. Sente-se inquieta, tensa... Fez a experiência de que a vida pode ter uma dimensão mais profunda, mas não consegue tomar uma decisão. Não está satisfeita com o seu estilo de vida atual, gostaria de viver com maior regularidade os momentos de oração e de reflexão, mas não consegue dizer "não" a nenhum pedido e a nenhum convite dos seus amigos. Quando estão juntos, Ângela, muitas vezes, torna-se o centro das atenções, porque demonstra muita vivacidade e sempre está de bom humor; mas quando vai para o seu quarto, sente-se triste, percebe o seu vazio interior e nos últimos meses veio-lhe repetidas vezes a vontade de chorar, na cama, sem saber exatamente o porquê. No fundo está infeliz. Até agora conseguira esconder isso dos outros e, em parte, também de si mesma, mas a tensão está aumentando...

O que está acontecendo? Faltam-lhe os valores religiosos? Mas ela se sente atraída por uma vida profundamente cristã, descobriu a sua vocação e gostaria de entregar-se ao Senhor. O que a impede ou bloqueia?

As raízes do problema

Para compreender melhor alguns aspectos do que está acontecendo na vida dessa moça, será útil esclarecer primeiramente certos elementos fundamentais da motivação humana. Dizíamos que há estes dois componentes da personalidade: o Eu ideal e o Eu atual. É óbvio que não são duas partes separadas — trata-se sempre de uma pessoa concreta. Pode-se, porém, distinguir os dois aspectos como estruturas psíquicas. E tais estruturas podem ser diferenciadas ainda mais. Por ora basta lembrar que o Eu atual inclui uma parte subconsciente, *o Eu latente.*

Assim sendo, *o subconsciente tem importância na motivação humana,* e desde Freud ele é largamente aceito e isto de modo amplamente independente da sua concepção filosófica.[11] A motivação subconsciente se esconde, no sentido de não ficar aberta à introspecção. Ainda que escondida, essa motivação não é inativa. A esse propósito, parece oportuna alguma palavra a mais a respeito da motivação subconsciente.[12]

• Essa motivação subconsciente pode desenvolver uma função *positiva* (confiança, esperança, tenacidade etc.) ou, então, uma função *negativa* (uma dependência afetiva exagerada, uma agressividade excessiva, uma auto-estima muito baixa etc.).

• A experiência mostra que existem reações humanas em que as circunstâncias ou as motivações objetivas não bastam para explicar alguns aspectos das reações das pessoas: a *origem,* a *intensidade,* a *inadequabilidade,* a *duração* ou a *repetição* de uma reação. Quando a motivação consciente não basta para explicar a reação, pensa-se numa motivação subconsciente.

• Quanto à motivação subconsciente, em seu aspecto negativo, seria oportuna uma correção, uma aprendizagem, encontra-se uma estranha resistência à aprendizagem e uma relativa porcentagem de insatisfação. Uma necessidade *imatura* (e mais ou menos subcons-

---

[11] Cf. IMODA, F. *Esercizi spirituali e psicologia:* l'altezza, la larghezza e la profondità... (Ef 3,18). Roma, Centrum Ignatianum Spiritualitatis, 1991.

[12] As explicações que se seguem foram extraídas de KIELY, *Il bene...,* cit., p. 85.

ciente) de afeto, de louvor, de poder, de sucesso etc., como uma necessidade imatura de vinho, *tende a crescer com a satisfação;* já uma necessidade madura pode se satisfazer mais facilmente e, quando se precisa renunciar à satisfação, isso não fica excessivamente difícil.

A motivação humana

Como elementos diretivos na motivação humana podemos distinguir os *valores* e as *necessidades.* Os elementos dinâmicos que dão o impulso e a força são as *emoções.* Aqui está a síntese como a apresenta Meures:[13]

> No processo psíquico, que leva a compreender se algo merece ser alcançado com o esforço necessário, as emoções desempenham um papel decisivo, uma vez que elas fornecem a energia para que o esforço possa realizar-se. Na raiz da emoção reside uma avaliação espontânea, intuitiva, quanto a algum objeto, em que todas as emoções da memória afetiva da pessoa (isto é, da que a atingiu no passado) podem entrar em ação. Dessa forma a avaliação intuitiva tende a buscar aquilo que é importante para a pessoa. Em geral, essa avaliação é seguida de uma avaliação reflexiva, em que podem ser assumidas também as metas, os objetivos e os valores mais elevados da pessoa. É só com esse julgamento reflexivo que a pessoa se torna capaz de ir além de si mesma e em busca de alguma coisa que é importante em si mesma. Assim, o "importante para

---

[13] Cf. MEURES, F. Un progetto interdisciplinare di antropologia cristiana. *La Civiltà Cattolica* I/222-238 (1987) 227.

mim" e o "importante em si mesmo" se encontram e fazem-se simultaneamente presentes na nossa motivação, ainda que um possa prevalecer sobre o outro. Porém, enquanto as tendências inatas à ação conduzem a pessoa a algo que está além da condição imediata da própria pessoa e que por isso levam a pessoa à autotranscendência, as tendências que buscam aquilo que é importante ou gratificante para a pessoa, chamadas também "necessidades", apresentam um efeito ambíguo, podendo favorecer ou dificultar a tendência para os valores e a autotranscendência.

Consideremos mais de perto os dois elementos diretivos, as *necessidades* e os *valores*.[14] Entre eles vale a pena recordar uma série de "necessidades" propostas por H. A. Murray:[15] entre outras, é significativa, por exemplo, a "dependência afetiva", que implica a satisfação das necessidades graças à ajuda afetuosa de um objeto vinculado ao outro. Essa necessidade compreende: ser cuidado, apoiado, sustentado, procurado, consolado; ficar junto de um protetor muito atencioso, ter sempre um apoio.

Relativamente aos "valores", seguindo J. de Finance,[16] há de se tomar em consideração duas grandes classificações: os valores "naturais" e os "autotranscendentes". Aos valores naturais pertencem os valores estéticos (por exemplo, a beleza), os valores econômicos (como o

---

[14] Cf. ibidem.

[15] Cf. Rulla, *Antropologia...*, cit. Apêndice B.

[16] Cf. de Finance, J. *Etica generale*. Cassano, Edizione del Circito, 1975.

dinheiro) e os valores intelectuais (como o conhecimento). Tais valores, na realidade, podem ter uma grande força de atração para a pessoa, e, no entanto, não fornecem nenhum critério de julgamento ético. Os valores autotranscendentes (em sentido restrito) são os morais e religiosos. Eles não dizem respeito apenas a um aspecto da pessoa (por exemplo, se ela é rica, bonita ou inteligente), mas, antes, oferecem critérios para julgar se uma pessoa age bem ou mal. São os valores que envolvem toda a pessoa no exercício da própria liberdade e a impelem para a autotranscendência no amor teocêntrico, implicitamente no caso dos valores morais e explicitamente no caso dos valores religiosos.

As escolhas de valores e de necessidades que fazemos ao longo do nosso desenvolvimento, à medida que avançamos em idade, deixam um resíduo (até mesmo de emoções), ou seja, uma disposição que aos poucos vai se tornando habitual: vai se tornando uma atitude, uma facilidade no sentido de dar uma resposta, de escolher determinados conteúdos de valores e necessidades que acabam por caracterizar as diferentes pessoas.

São exatamente os conteúdos motivacionais (isto é, os valores específicos e ideais, as necessidades, atitudes e memórias) que levam à formação de duas estruturas antes explicadas, o Eu ideal e o Eu atual.

Pode-se facilmente imaginar que essas duas estruturas não estão sempre em sintonia, antes, podem até estar em contradição. Especialmente no que diz respeito às necessidades, já fizemos referência ao efeito ambíguo que as estruturas demonstram com relação à autotranscendência.

Há diversos tipos de *tensão* que vão emergindo: uma que é de base, e assim vão se seguindo outras mais concretas que se distinguem, de acordo com a sua área de atração e de interesse — em outras palavras, de acordo com o campo específico, tensões assim são mais ou menos conscientes.

No que diz respeito à tensão de base: como aludido anteriormente, ainda que de maneira muito breve, na pessoa está presente a autotranscendência teocêntrica, ou seja, aquela abertura para o infinito, mesmo sendo a pessoa uma criatura finita. Em outras palavras: existe no ser humano uma *dialética de base* que faz parte da natureza humana.

Daí segue-se uma tensão que pode ser sadia, voltada para o crescimento, ou então uma tensão que pode ser sustentada apenas com a remoção da consciência das tendências inaceitáveis, especialmente aquelas de natureza emotiva. É exatamente esse mecanismo psíquico da remoção que expande a área do subconsciente. Saliente-se que isso acontece com qualquer pessoa e não só em caso de doença psíquica.

Quanto às tensões mais características de que falávamos anteriormente, e que representam a presença da dialética fundamental em cada pessoa, vamos procurar entendê-las um pouco melhor em seus detalhes.[17]

---

[17] As explicações aqui dadas foram extraídas da obra de KIELY, *Il bene...*, cit., pp. 87-89.

Nos dois volumes sobre *Antropologia da vocação cristã* de Rulla e outros (citados no início), um ponto-chave é a distinção entre *três dimensões diversas* da dialética fundamental da vida, isto é, da tensão entre o Eu ideal (o eu que se ultrapassa) e o Eu atual (o Eu enquanto transcendido). Ou seja, pode-se descrever isso da seguinte maneira: as três dimensões encontram-se em *cada* pessoa, tendo cada dimensão um pólo positivo e um pólo negativo. A primeira dimensão tem o pólo positivo de bem real e o pólo negativo de bem aparente (no sentido "inaciano") ou de erro não culposo (porque é um erro subconsciente); a terceira dimensão tem o pólo positivo da normalidade (no sentido psiquiátrico) e o negativo da psicopatologia. A pessoa ideal seria aquela posicionada junto ao pólo positivo de cada dimensão.

• Na *primeira dimensão,* que é prevalentemente consciente, os processos simbólicos da pessoa estão em harmonia com os valores objetivos e revelados sobre a vocação cristã (o horizonte dessa dimensão é predominantemente constituído pelos valores autotranscendentes em sentido restrito, ou seja, pelos valores morais e religiosos). Por isso, nessa dimensão a pessoa é efetivamente livre, pode aprender, crescer, aceitar correções etc.; também pode pecar livremente. É essa a dimensão da virtude e do pecado, a dimensão (em termos "inacianos") do *bem real* e do *mal real*. A harmonia e a liberdade supramencionadas baseiam-se no equilíbrio (consistência) entre *ideais* ou *valores* e *necessidades* (especialmente conscientes). A consistência pode ser representada com a imagem de um aparelho com duas pilhas elétricas justapostas corretamente, de modo que não se oponham, e sim que façam com que o aparelho funcione:

A liberdade efetiva, que corresponde à primeira dimensão, era enfatizada até demais na filosofia e na teologia moral clássicas.

• A *terceira dimensão* é a da anormalidade ou patologia, no sentido psiquiátrico. Se uma pessoa está postada na direção do pólo negativo dessa dimensão, isso significa que ela sofre de algum tipo de psicopatologia. A sua capacidade de viver os "valores naturais", quer dizer, a capacidade de viver numa certa paz os valores relativos a si mesma, relativos aos semelhantes e ao próprio trabalho, está comprometida ou prejudicada (o campo próprio da terceira dimensão é constituído pelos valores naturais, nos quais entra, mais ou menos, a influência do subconsciente). Quanto mais grave a patologia, menos se pode representá-la usando a imagem das pilhas elétricas; é como se o aparelho tivesse caído no chão e quebrado algumas de suas peças internas.

Uma psicopatologia em grau considerável encontrar-se-á entre 15-20% de um grande grupo escolhido ao acaso (representando estatisticamente toda a população).

A terceira dimensão já era reconhecida na psiquiatria e na psicologia clínicas.

• A *segunda dimensão* é a parte mais original da teoria de Rulla e colaboradores. Representa a dimensão do "bem aparente" de santo Inácio de Loyola. *Não se deve confundi-la com a psicopatologia.* Mesmo assim ela limita a liberdade efetiva da pessoa, colocando-a em relacionamento com um bem apenas aparente em vez de um bem real; nesse sentido tem influência considerável e negativa em 60-80% das pessoas (o campo, aqui, é constituído pelos valores autotranscendentes e naturais em seu todo, como o encontrado, por exemplo, no amor humano entre duas pessoas). Também aqui entra mais ou menos em jogo a influência do subconsciente.

A diferença entre a segunda e a terceira dimensões pode ser exposta assim: no pólo negativo da terceira dimensão encontra-se o "mal" muito claramente (mal no sentido de sofrimento, porque a psicopatologia, quando grave, traz habitualmente consigo sofrimentos muito evidentes). Mas, no pólo negativo da segunda dimensão encontra-se o bem aparente: que *parece* bom, mas não o é verdadeiramente. Assim, por exemplo, uma pessoa pode estar disposta a uma dependência afetiva, a "dar para receber", sob o manto do altruísmo, ou à contestação agressiva em nome da autenticidade profética etc. Não é uma questão de culpa moral ou religiosa, mas não obstante isso, a liberdade efetiva da pessoa é limitada por fatores subconscientes e por processos simbólicos que não favorecem a autotranscendência. Quanto mais uma pessoa estiver colocada na direção do pólo negativo da segunda dimensão, mais difícil será para ela crescer no campo moral e religioso, mais difícil será aprender e mais perigo correrá de abandonar sua vocação etc.

A segunda dimensão não é a da psicopatologia, mas a das *inconsistências vocacionais.* Uma inconsistência vocacional pode ser apresentada empregando de novo a imagem das pilhas elétricas que, dessa vez, porém, "se opõem", de modo que a sua energia vai se desperdiçando:

Na segunda dimensão entram também as *consistências defensivas,* por exemplo, trabalhar em favor dos pobres ou doentes com verdadeiro entusiasmo (consistência), mas com a finalidade subconsciente de "receber" algo deles (prática defensiva); ou então estudar com muita aplicação (consistência), mas com o objetivo subconsciente do diploma acadêmico (prática defensiva). Usando a mesma imagem anterior, as pilhas estão na posição certa, mas há um fio mal posicionado, de tal sorte que a corrente elétrica não consegue fazer funcionar o "motor" da vocação cristã..., sendo que o motor parece funcionar (bem aparente!); porém, com o tempo o mau funcionamento pode prejudicar o motor.

Voltemos ao caso da hipotética Ângela. Agora temos mais recursos para analisar alguns aspectos do que está acontecendo na vida dessa moça. Vamos fazer isso com a ajuda das três dimensões acima analisadas.

Na sua primeira dimensão, com relação aos valores transcendentes, observa-se o seu sincero desejo de pertencer inteiramente ao Senhor e há também algum empenho nesse sentido. Tornam-se evidentes alguns sinais de declínio no zelo pela oração, com relação ao seu curso de enfermagem, quando estava junto com as irmãs. Contudo, não se trata de afirmar que tenha tomado posição contrária à oração, ou que não lhe atribua mais qualquer valor; "acontece" que ela deixa de lado a oração, porque algum amigo a convida ou lhe pede alguma ajuda... Francamente, ela gostaria de fazer a oração com mais regularidade, mas não está conseguindo isso desde que voltou para o ambiente familiar.

Isso mostra que provavelmente entra em jogo algum fator subconsciente que faz com que se torne difícil perseguir o seu ideal de uma vida de oração, e torna mais difícil também uma decisão de doação completa ao Senhor; mas esse fator não faz parte da primeira dimensão, e sim da segunda (ou talvez da terceira). Podemos concluir que a direção para a autotranscendência teocêntrica, ainda que presente, não representa a motivação predominante de Ângela.

Quanto à terceira dimensão, que se refere aos valores naturais e ajuda a distinguir entre normalidade e patologia, não nos parece que Ângela sofra de qualquer tipo de patologia. Ela sempre caminhou bem, e também agora, aparentemente, parece estar muito bem. Os outros não se lembram de nenhum problema. Ângela, porém, descobre em si uma insatisfação e uma tristeza, mais ou menos fortes...

O problema básico parece situar-se na segunda dimensão, cujo campo são os valores autotranscendentes e naturais conjuntamente. Atentos ao resultado de uma situação que piorou em vez de proporcionar um crescimento no campo vocacional, podemos concluir, nesse caso, que nem tudo o que brilha assim, no primeiro relance, é ouro (como, por exemplo, a maneira de Ângela apresentar-se aos outros, a sua simpatia e a maneira gentil de tratar a todos...). Em outras palavras: o que parece tão bom em Ângela é, em grande parte, um bem "aparente". Em que sentido?

Voltemos o nosso olhar para a psicodinâmica de Ângela. Desde pequena sempre foi mimada pelo pai, pela mãe, pelos irmãos mais velhos... por quase todo mundo. Assim, aumentou nela uma forte inconsistência no que diz respeito à dependência afetiva, dessa vez não por causa de uma privação mas, poder-se-ia dizer, por causa de um excesso. Esse é apenas *um* aspecto de sua psicodinâmica, que é bem mais complexa; contudo, de momento isso nos basta.

Como ficou exposto, as necessidades, ainda que imaturas e, principalmente, ainda que ocultas (subconscientes), tendem a crescer com o tempo e com o seu reconhecimento. Chegado o tempo de iniciar o seu trabalho como enfermeira, Ângela já havia desenvolvido uma enorme dependência afetiva: tinha necessidade de ser amada e apreciada por todos, sentia a necessidade de ser elogiada por todos. Isso não estava de acordo com a sua imagem de mulher e de cristã madura... Por isso, essa necessidade vinha sendo reprimida; tudo aflorava de modo subconsciente (mas não se reprime de modo consciente).

Contudo, a influência das necessidades reprimidas permanece, ou melhor, tende a aumentar. Voltando ao círculo dos amigos, Ângela encontrava o que subconscientemente procurava — ficava no centro das atenções, muitos confiavam nela e pediam a sua ajuda, e ela fazia de tudo para ser sempre benquista; assim, qualquer pedido que viesse de qualquer amigo, dos colegas ou dos pacientes tinha preferência em relação à oração.

Com efeito, o julgamento positivo deles com relação a ela e a compreensão deles, bem como o apoio, tornavam-se para ela mais importantes do que o chamado do Senhor e o próprio desejo consciente de entregar-se a Deus. Isso não acontecia numa reflexão explícita e guiada pela razão, mas, antes, acontecia por um processo simbólico (no qual podem entrar ainda mais facilmente fatores inconscientes): bastava-lhe imaginar a expressão facial dos amigos, a possível crítica e incompreensão por parte deles, para torná-la de novo hesitante toda vez que se encontrava na iminência de tomar a decisão de se consagrar. A dependência afetiva de Ângela, da qual ela não tem plena consciência, impede-a de correr o risco de fazer escolhas que possam suscitar críticas em vez da aprovação e da admiração dos outros. No fundo, ela não é feliz e tem um sentimento de frustração, mesmo porque, de fato, não se satisfaz plenamente com nenhum elogio ou aplauso por parte dos amigos; pelo contrário, cada reconhecimento é um motivo para querer sempre mais, exatamente como dissemos acima. Ângela está intranqüila e insatisfeita, mas não sabe bem por que e o que deve fazer.

A tensão da frustração, que é inútil e contraproducente, aumenta e é provável que volte quando menos se esperar. Um primeiro sinal é dado pelo fato de que tende a deixar de novo a oração pessoal, e quando começa a "deixar de lado" a oração, a situação tende a piorar aumentando a insatisfação. Vê-se aqui como a segunda dimensão, com os seus componentes subconscientes, pode por muito tempo influir também sobre a primeira dimensão e enfraquecer em Ângela não só a decisão de consagrar-se a Deus, mas também a disponibilidade para fazer Cristo viver em si mesma.

Possibilidades de solução ou de ajuda

Se é assim, o que se pode fazer? A situação à primeira vista pode parecer desestimulante: uma jovem com tantas qualidades como Ângela, com propósitos maravilhosos e sem sombra de qualquer psicopatologia, encontra, contudo, enormes dificuldades que provavelmente não será capaz de superar sozinha. Esse tipo de problema parece não ser algo raro mas, pelo contrário, o levantamento de Rulla e colaboradores mostra que 60-80% das pessoas entram, como Ângela, no campo das inconsistências significativas da segunda dimensão.

De fato, esse modo de ver não deveria ser desencorajador, mas antes, libertador, especialmente no patamar da integração com a fé. Isso nos ajuda a ver o homem, a mulher, de modo mais verdadeiro; liberta-nos daquela escolha opressora entre dois extremos para os quais tendemos mais facilmente, mas que não se identificam nem com a realidade nem com a fé:

• *O primeiro extremo* consiste em considerar o ser humano como absolutamente livre e, por isso, responsável por tudo quanto ele passa e pronto. No nosso exemplo, Ângela seria plenamente responsável por qualquer piora ou problema com relação à sua escolha vocacional. Se há problemas ou dificuldades, quer dizer que ela é uma "pecadora" que não colabora com a graça de Deus.

• *O segundo extremo* consiste em considerar o homem de tal maneira condicionado pelas suas necessidades e seus impulsos que lhe falta a liberdade indispensável para agir de outra maneira; faltando a liberdade, não pode ser considerado responsável por aquilo que faz sob tais impulsos. É como uma doença, algo patológico pelo qual não se é responsável. Se Ângela, por exemplo, procurasse o conforto de um médico simpático no hospital, com o desejo de sentir-se ainda mais amada e de afastar o seu conflito interior em alguma aventura, por exemplo, sexual... não seria responsável.

Ambos os extremos são insuficientes. De fato permanece a liberdade essencial de Ângela (como de qualquer um, exceto em casos de clara psicopatologia, ou seja, de psicose, em que já não há contato com a realidade), ainda que a liberdade efetiva possa ser mais ou menos limitada por fatores conscientes e principalmente inconscientes.

Essa visão de ser humano, sendo realmente livre e ao mesmo tempo realmente limitada quanto à liberdade, corresponde à visão cristã. Deve-se mencionar especialmente o ensinamento sobre a "concupiscência". As inconsistências, as fraquezas da segunda dimensão não são pecado (quando algo não é consciente, não pode ser pecado), mas podem inclinar ao pecado, e essa é exatamente a característica da concupiscência.[18]

---

[18] Cf. Denzinger & Schönmetzer. *Enchiridion symbolorum, definitionum et declarationum de rebus fidei et morum.* 32. ed. S. l., Herder, 1963. 1515.

Concretamente permanece verdadeiro aquilo que se dizia de início: é preciso propor o mais claramente possível e sem reticências ou distorções os valores de Cristo. O nosso tema quanto à formação dos valores religiosos refere-se principalmente à primeira dimensão. É nela que a pessoa consciente e livremente escolhe o bem, dispõe-se a dar resposta ao chamado de Deus com generosidade (ou então, se se opuser conscientemente, comete o pecado). Todos os meios tradicionais, como a oração, os sacramentos, o exame de consciência, os exercícios espirituais, o aprofundamento dos valores cristãos, a leitura de textos espirituais e o estudo da Palavra de Deus, a ascese etc. conservam o seu valor e são insubstituíveis. E nesse campo, como sempre, é preciso considerar a pessoa toda, que não é só inteligência, sendo que nela têm também importância a vontade e as emoções.

Consideremos agora a necessidade de uma sólida formação espiritual, de uma educação para a oração. Entretanto, como vimos no exemplo de Ângela, muitas vezes isso não basta. Deve-se levar em consideração também o aspecto da motivação, que é subconsciente. Nesse campo serão necessários outros meios, não menos concretos, para ajudar a pessoa a superar certos limites da segunda dimensão (ou mesmo da terceira).

Um exemplo de tal ajuda podem ser "palestras de desenvolvimento vocacional". Para esse trabalho pode-se utilizar os meios próprios da psicologia profunda. São requeridos especialistas, esforço e tempo etc. Quando bem conduzidas, essas palestras representam uma ajuda concreta para maior interiorização dos valores religiosos, dos valores de Cristo que, de outro modo, podem ser bloqueados por fatores especialmente subconscientes.

Desse modo, justifica-se todo o esforço para que Cristo viva cada vez mais em nós.

2. FORMAÇÃO PARA OS VALORES MORAIS

M. Uriati

Introdução: os valores morais (o gigante, o anão e os castelos no ar)

Recentemente li de novo *As viagens de Gulliver*. O famoso romance, do qual todos ouvimos falar, narra as fantásticas aventuras de um marinheiro, que depois de uma série de naufrágios, acabou encontrando vários países habitados por populações muito estranhas. As imagens dessa narrativa podem ajudar-nos a compreender alguns problemas mais concretos, hoje, com relação aos valores morais.

Os habitantes do primeiro país em que Gulliver desembarca são muito pequenos e os animais também, bem como as casas e todo o restante. O marinheiro, levado pela tempestade, é *um gigante* diante deles e rapidamente passou a decidir o destino de todo o povo. A sua força dá-lhe a possibilidade de vencer as guerras. Em conseqüência disso, a nação toda se põe a seu serviço, para cuidar dele e ajudá-lo.

O tempo em que vivemos, por muitos aspectos, torna-se semelhante àquele em que Gulliver se achava entre os habitantes de Lilliput. Tantos são os dons e as

37

possibilidades que, talvez, sem tomarmos consciência, nos consideremos os "senhores do mundo". O bem-estar alcançado pela sociedade, a discreta segurança da nossa existência, a instrução recebida, as descobertas da ciência e da técnica, as grandes possibilidades de comunicação... fazem-nos sentir... de certo modo, *os gigantes*, livres para dispor da nossa vida e capazes de reduzir o que está à nossa volta e as pessoas com as quais convivemos a instrumentos do nosso bem-estar.

Nesse clima geral, infelizmente, é possível que entre os "anões" que colocamos ao nosso serviço estejam também os valores morais. Um campo em que esse desequilíbrio se verifica com muita clareza é o do respeito pela vida humana. É verdade — e é uma conquista a agradecer ao Senhor — que hoje se pode fazer muito para ajudar, sustentar e defender a vida de quem é mais fraco e necessitado; basta pensar nos grandes benefícios trazidos pelo desenvolvimento da medicina. No entanto, também é verdade que precisamente os mais fracos são, muitas vezes, os primeiros a não usufruir tais possibilidades. Vê-se isso claramente na maneira como não só é difundido mas também justificado o aborto. Assusta-nos o fato de constatar como se tornou tão difícil um julgamento básico bem simples sobre o assunto: ninguém pode acabar com a vida de outra pessoa; o bebê no ventre de sua mãe é uma pessoa e, portanto, não se pode tirar a vida dele, assim como não se pode matar sua mãe ou qualquer outra pessoa.

Uma boa explicação para essa situação parece-me aquela da imagem que escolhi. No fundo, se alguém se julgar um gigante, se achar que é a medida e o valor maior, o que é bom e o que é mau passam a ser o que serve ou o que impede o bem-estar pessoal. Nessa perspectiva não há valores fixos e objetivos: o que vale, muda continuamente, de acordo com as decisões e a vontade de cada um, de um grupo, da sociedade. Nos últimos anos foi difundida uma palavra ou um comportamento que exprime bem esse estado de coisas: o "reformismo". Diante dos valores morais, a primeira preocupação do homem de hoje não parece ser o desejo de compreendê-los com mais clareza e o empenho por vivê-los com maior autenticidade, mas antes, a ânsia de "reformá-los" continuamente, a fim de edificá-los sempre de acordo com os próprios critérios. Mais do que uma adaptação de si mesmo aos valores, há o perigo de aviltá-los, adaptando-os aos gostos pessoais.

No segundo dos territórios em que Gulliver se vê obrigado a desembarcar, as coisas são bem diferentes daquelas do outro país. São exatamente opostas: ele já não se encontra entre seres minúsculos dos quais poderá dispor como quiser, mas em meio a habitantes enormes. Desde logo ele se sente *um anão,* ao sabor de seres ameaçadores, e toma conta dele o medo de ser aniquilado por eles. A única saída é conformar-se com os planos deles e tornar-se servidor dos mesmos.

Pode parecer estranho, mas também essa imagem, ainda que oposta à anterior, cabe perfeitamente numa aplicação aos nossos dias. Alguém definiu os tempos em que estamos vivendo como a "era das convenções". É uma definição acertada. Olhando com atenção para a vida de nossa sociedade, observa-se uma forte tendência ao comportamento de acordo com os critérios definidos pelo grupo em que se está inserido, e de acordo com a opinião geral. A maneira de se vestir e de pensar, os interesses e os *hobbies*, até a fé e os valores são amiúde abraçados, não tanto porque verdadeiros em si, mas por serem partilhados com a maioria; recusá-los significaria isolar-se e ter de andar com as próprias pernas. Assim, sucede que alguém que se considere um gigante em condições de decidir por si o que é ou não um valor moral, torna-se automaticamente um anão a serviço de coisas que absolutamente não são valores e que, em vez de libertar, provocam escravidão e ansiedade.

Esse estado de coisas conhece-o bem quem se dedica ao comércio, à economia e à política. As normas de comportamento são, muitas vezes, prescritas pelos interesses de pequenos grupos que detêm o poder.

A necessidade de permanecer "no círculo" daqueles com quem se pode contar leva muitas pessoas a assumir atitudes e escolhas moralmente ruins e explicitamente contrárias à própria consciência, pela simples razão de estes não "poderem prescindir daqueles". Contudo, mesmo sem ir assim tão longe, basta olhar a nossa vida para descobrir tantos ídolos aos quais todos os dias sacrificamos tempo e energias por não termos coragem de ser diferente dos outros.

A figura do anão exprime muito bem o resultado desse modo de viver: uma vida sem perspectiva, presa a coisas absolutas que, de fato, não o são; uma vida desgastada por preocupações banais, preocupada em ser "como os outros", em lugar de ser autêntico.

O terceiro país visitado por Gulliver é menos conhecido. É um país "em dois planos". As pessoas são do mesmo tamanho que o marinheiro, mas estão divididas em dois grupos. Uma parte — menos numerosa, porém, mais seleta e nobre — vive em uma cidade ideal e perfeita que, elevada no ar, está apoiada sobre um enorme disco voador feito de diamante. Esse grupo passa os dias exercitando-se nas ciências e se dedica à troca de idéias de conteúdo profundo e secreto. Em essência, constrói *castelos no ar*. A parte mais numerosa dos habitantes, por sua vez, vive em terra firme, em condições lastimáveis de vida. A razão é que o trabalho, a família, a escola e qualquer outra atividade são organizados conforme os princípios elaborados na cidade ideal. Trata-se de critérios muito abstratos e distantes da realidade. Nenhum dos critérios é suficientemente concreto e realizável a ponto de poder ser o guia na vida de todos os dias. Os castelos no ar não são as moradas mais adequadas para a vida do dia-a-dia.

Também essa terceira figura diz algo sobre os problemas atuais de formação para os valores morais. Provavelmente ninguém de nós é um gigante ou um anão no sentido já descrito. No fundo — dir-se-á — cremos que realmente existem valores, e sabemos que têm relação com a nossa fé; não nos julgamos maiores do que eles e neles encontramos as orientações para encarar as exigências de nosso tempo. Deus queira que seja assim!

Acredito, porém, que cada qual já percebeu pelo menos alguma vez a distância entre os valores que professa e a concretude de sua vida. Essa defasagem se experimenta, por exemplo, quando se deseja ajudar os jovens a compreender e a viver esses valores e se nota como a tarefa não é fácil. Os jovens muitas vezes os mantêm longe e em concorrência com a espontaneidade, tão propalada hoje. Contudo, a distância entre os valores defendidos e a vida concreta nós a experimentamos todos dias, na nossa pele. As coisas sobre as quais temos a mais firme convicção são, às vezes, esquecidas por nós na hora de agir. Quanto aos nossos desejos e propósitos, o que está em primeiro lugar de vez em quando nem consegue classificar-se entre os três primeiros lugares no curso da vida cotidiana. Viver realmente os valores morais não requer menos empenho do que ajudar os outros a assumi-los como próprios. Não basta dizer: "Ah, já entendi", para que a vida toda se modifique. Não somos apenas cabeça; mais fundamental é o coração, e as suas leis são mais profundas do que as da razão pura. É um pouco como as correntes marítimas: não são as ondas da superfície e sim os movimentos profundos que vão imprimir-lhes força e direção.

As imagens que fomos buscar em *As viagens de Gulliver* descrevem alguns dos problemas atuais atinentes aos valores morais. O primeiro perigo é o de criá-los à imagem e semelhança do próprio egoísmo; o segundo é o de conformar-se ao estilo de comportamento em voga, entregando-se a valores que não são valores; o terceiro é o de viver a distância daqueles ideais que, entretanto, foram devidamente reconhecidos, e de não estar em condição de testemunhá-los eficazmente.

Acredito que esta análise despertou alguns questionamentos e outras perguntas mais, que cada um carrega consigo. Três questões me parecem as mais importantes e tentarei respondê-las:

• que são e quais são os valores morais? (a sua objetividade);

• como vivê-los com autenticidade? (a subjetividade ética autêntica);

• como formar os jovens para os valores morais (o papel do educador).

O que são os valores morais?
Jesus, a nossa vida e as nossas opções

A objetividade dos valores morais

Antes de tudo é necessário esclarecer o que entendemos por "valores" em geral e, especificamente, o que entendemos por "valores morais".

Sabemos que entre as muitas coisas que fazem parte da nossa vida nem todas têm o mesmo "valor". Um bom prato de arroz com feijão é bem-vindo, principalmente na hora das refeições, e tem realmente propriedades que nos alimentam, o que um livro, ainda que maravilhoso, não consegue fazer. Um romance, porém, se lido com o estômago satisfeito e, talvez, até durante umas belas férias, desperta interesse e é capaz de fazer relaxar. Já em tais níveis muito simples e naturais vemos que as coisas da vida têm qualidades objetivas que não somos nós que criamos, e que, no entanto, nos atraem e nos enriquecem. Assim, em geral, *os valores* podem ser definidos como os aspectos das pessoas ou das coisas cuja importância intrínseca é objeto do desejo e da resposta humanos.

Uma coisa é clara: um bom feijão com arroz e um excelente livro não chegam a esgotar toda a hierarquia de valores. Dando um passo à frente, vamos ver que também há os caracteres e o agir das pessoas que "têm" valor, de modo especial. O que entendemos quando, por exemplo, dizemos que uma pessoa é honesta, generosa ou, mais ainda, que é santa? Com tais afirmações, não estamos dizendo que pertence a outra espécie animal. Tal pessoa tem pernas e braços, afetos e vontade como as demais. O que queremos sustentar é que o modo de ela viver todos esses dons "vale" realmente, está em sintonia com aquilo que é desejável que cada homem seja, é expressão de um "valor" que todos gostaríamos de ter, corresponde ao fim para o qual cada um foi criado. Esses últimos exemplos não estão em um plano puramente natural, quer dizer, não dizem respeito apenas às nossas necessidades biológicas ou intelectuais. Pelo contrário, dizem respeito a toda a nossa pessoa no exercício da liberdade, no seu caminho de transcendência para Deus. Entre os valores desse tipo estão os valores *morais,* que dizem respeito ao agir humano enquanto fruto da vontade livre, e os valores *religiosos,*

---

[1] Aprofundando um pouco o assunto, é importante observar que os valores morais e religiosos correspondem ao bem integral da pessoa, isto é, dizem respeito ao ser humano considerado como uma totalidade, com todas as suas dimensões e em todas as suas relações. Portanto, vai-se contra esses valores quando se escolhe um

que concernem à relação da pessoa com Deus.[1] Esses valores, como os naturais, são objetivos; isto é, valem por si mesmos e não são gerados por nós. E mais, são objetivos, porque revelados, quer dizer, nós os conhecemos com clareza exatamente quando Deus no-los mostrou mediante a vida e as palavras de seu Filho Jesus. "O mistério do ser humano só se ilumina de fato à luz do mistério do Verbo encarnado. O primeiro homem, Adão, era imagem do futuro, o Cristo Senhor. Ao revelar o mistério do Pai e de seu amor, Jesus Cristo, o último Adão, manifesta plenamente aos seres humanos o que é o ser humano e a sublimidade da vocação humana" (*Gaudium et spes*, 22).

A identidade e o estilo de vida de Jesus

Olhando para Jesus — tendo presente quem é e como viveu —, pode-se entender os valores morais fundamentais, quais as atitudes que eles exigem e as orientações que propõem.

Quando a respeito de Jesus dizemos que é *verdadeiro homem* e que é *nosso irmão*, falamos dele e

---

bem parcial em detrimento da totalidade e, pensando bem, toda tentação tem essa configuração. Ninguém, na verdade, opta pelo mal em si. Age-se sempre para obter alguma vantagem e a negação do valor sobressai para que a vantagem específica sufoque o bem global da pessoa. Um exemplo simples pode exprimir melhor a idéia: o vinho das colinas romanas é bom e se o toma com satisfação em companhia de outros; ajuda a digestão e torna alegres as reuniões com os amigos; tudo isso contém em si algo de bom. Entretanto, tomar vinho até embriagar-se significa posicionar-se contra o bem integral da pessoa. Que dirá o fígado de todo aquele vinho que o deixa encharcado? Que exemplo será para os filhos ver o pai chegando embriagado? Como dar conta dos afazeres familiares e profissionais no dia seguinte, quando ainda se está de ressaca?...

compreendemos o significado da vida de cada pessoa. Com a encarnação o Verbo de Deus assumiu a vida humana em todas as suas dimensões, exceto no pecado; compartilhou tudo quanto podia compartilhar. Ele trabalhou com mãos de homem, amou com o coração de homem, pensou com mente de homem, entregou-se com um corpo de homem e se fez próximo de cada pessoa.

Desse modo toma forma um primeiro valor moral fundamental: a *dignidade do ser humano.*

Toda vez que educamos a nós mesmos ou a outros a terem atitudes de *respeito,* de *igualdade* e de *justiça,* estamos fazendo referência a esse fundamento, isto é, sabemos que cada ser humano que encontramos (o bebê que ainda vai nascer, o velho que está para morrer, tanto o homem como a mulher, o branco como também o negro) é irmão de Jesus, criado pelo Pai, tendo presente o modelo de seu Filho predileto. Sabemos ainda que o corpo, os sentimentos, a inteligência e todos os bens relacionados com a vida biológica não são algo que o homem possui como se fossem coisas. São parte da pessoa, ou melhor, uma dimensão da pessoa (não algo que o homem "tem", mas algo que o homem "é").

O que a moral cristã diz a respeito da sociedade e da vida se refere a esse valor fundamental. A moral cristã não se cansa de defender a *unidade* da pessoa em todas as suas dimensões e o *respeito* que ela merece em cada uma das suas expressões.

Muitas são as escolhas e as situações humanas iluminadas por esse valor fundamental: a acolhida da vida que se inicia, o cuidado e o acompanhamento dos doentes e dos idosos, a redistribuição das riquezas e a utilização dos bens da terra, a organização e as modalidades de trabalho, a aceitação das diversidades étnicas e culturais etc.

O princípio-guia que se origina a partir desse valor se formula assim: "Trate de tal modo toda pessoa, em toda a sua grandeza e em toda a sua expressão, sempre como um fim, jamais como um meio".

Quanto a Jesus, acreditamos também que ele é a *Palavra do Pai:* o nosso Deus, na verdade, não está em meio a um silêncio despreocupado, mas é, antes, aquele que se revela, que se comunica e se dá. Os cristãos entendem a história do mundo e também a sua vida pessoal como o lugar em que Deus fala, convoca e age. A sua Palavra derradeira, plena e perfeita, que o Pai proferiu e, que continua a produzir eco, é o seu próprio Filho.

Nesse modo de interpretar as épocas e os dias estão as raízes de um segundo valor moral fundamental: o sentido vocacional de cada situação e de cada acontecimento; tudo o que acontece reveste-se de um matiz novo e diferente, é o ensejo de um diálogo, é o apelo para uma resposta.

Referimo-nos a esse valor quando dizemos que a história do mundo e a nossa vida dentro dessa história têm *um sentido,* que a fé dá *um significado* também às coisas mais difíceis, que a *resposta ao chamado de Deus* é o modo mais profundo de experienciar a própria vida.

Tudo isso dá sabor e serenidade a tantos estágios e a tantas dificuldades da vida: as preocupações que os jovens encontram em relação ao seu futuro, à escolha de um estado de vida, à doença, à dor etc. Mesmo com relação a essas situações, a Igreja propõe diretrizes e apresenta propostas que ajudam a dizer "sim" a Deus que se revela nelas de modo sempre novo e diferente.

Esse valor sugere o seguinte princípio-guia: *nenhuma circunstância da vida é destituída de sentido; cada acontecimento é um convite ao diálogo com Deus e a uma resposta na fé; é uma oportunidade para descobrir o sentido último da existência e para entregar-se a ele.*

Jesus Cristo, além do mais, é o Crucificado; a salvação cristã é um dom gratuito do amor de Deus, cuja profundidade se manifestou na entrega de si que Jesus fez na cruz. O gesto de salvação de Deus é antecedente e transcendente a qualquer mérito ou empenho nosso. É precisamente uma dádiva.

Esse modo de agir de Deus, surpreendente e misterioso, serve de inspiração para o comportamento dos cristãos e indica um terceiro valor moral fundamental: *o amor, o dom de si mesmo* como estilo de vida.

O que esse valor requer é essencial para qualquer ação que se diga cristã: os seus marcos distintivos são, de fato, os da *doação incondicional,* da *gratuidade* e do *reconhecimento.*

Toda relação interpessoal, tanto no âmbito circunscrito da família como no da sociedade em geral, encontra, desse modo, uma alma: torna-se ocasião para o oferecimento e a transcendência de si mesmo. As normas da moral cristã acerca da vida social, da vida familiar, da prática da sexualidade e dos intercâmbios educativos querem fazer lembrar e promover esse estilo de vida.

Jesus mesmo formulou o princípio-guia correspondente de dois modos muito bonitos e profundos: "O meu mandamento é este: amem-se uns aos outros, assim como eu amei vocês. Não existe amor maior do que dar a vida pelos amigos" (Jo 15,12-13); e "quem quiser salvar a sua vida, vai perdê-la; mas, quem perde a sua vida por causa de mim, esse a salvará" (Lc 9,24).

Jesus, por fim, é *o Ressuscitado.* O anúncio da ressurreição daquele Jesus que fora crucificado é o cerne do Evangelho e com ele muda radicalmente a atitude do ser humano em relação à própria morte e a tudo quanto é sinal desta. Não é o fim definitivo ou o fracasso total; é, antes, uma passagem que pode ser vivida ao entregar-se nas mãos de Deus e não ao desespero.

O quarto valor moral fundamental emana deste anúncio: a *esperança* ao se viver a morte, a renúncia, o sacrifício, as decisões, os desprendimentos. A *confiança* e a *entrega de si* são as atitudes com as quais os cristãos são convidados a viver as mortes do dia-a-dia e a última passagem para o Paraíso. Daí adquirem brilho a ascese e o esforço que a adesão à moral cristã comporta. Não é um esforço que é fim em si mesmo, mas a participação no sacrifício que Alguém (o Cristo) viveu como doação e transformou em vida eterna.

O mistério da pessoa, portanto — eis um último princípio-guia —, *transcende as suas dimensões espaciotemporais e encontra a sua verdadeira luz na Páscoa.*

A questão a que esta primeira exposição se propunha a responder era: "Que são os valores morais?". A resposta brotou ao meditar sobre a pessoa de Jesus

Cristo. Ele nos mostrou quais são os valores, as atitudes e os princípios-guia fundamentais que orientam a vida dos cristãos. Todas as diretrizes práticas que a moral cristã propõe são a concretização desse projeto. Na educação moral não deve faltar nem a proposta das normas concretas — do contrário cada projeto será um castelo no ar — nem a recorrência ao fundamento em que se alicerça a norma — pois, se assim fosse, haveria o empenho em seguir alguma coisa e não em seguir Alguém.

Como promotores vocacionais podemos nos fazer algumas questões:

- Propomos esses valores aos jovens?

- Nós os propomos todos de modo claro e objetivo?

- Nós os propomos na sua inteireza (tanto o fundamento como as condições para o agir)?

Como viver autenticamente os valores morais? A revolta, o conformismo, a observância e o amor

O papel do subconsciente

Os valores morais, anteriormente analisados, são aqueles que toda boa educação cristã deveria propor, quer na sua base (a pessoa de Jesus), quer nos seus efeitos práticos. Eles constituem os ideais a que todo cristão faz referência no seu modo de agir concreto. Ao agir assim, ele põe em ação a capacidade de ultrapassar-se na caminhada que conduz a Deus, isto é, de ir além de si mesmo, vivendo os valores revelados por Deus. E é precisamente para isso que Deus nos chama.

No homem, porém, além da capacidade de dizer "sim" aos valores e de ser motivado por eles, há ainda outras coisas.

Há, antes de tudo, a possibilidade de dizer "não" ao projeto de amor ao Senhor. Trata-se do pecado. A recusa consciente e livre de seguir a Jesus é uma realidade dolorosa e profunda, presente na vida de qualquer pessoa e na estrutura de toda a humanidade. Isso se verifica toda vez que livre e conscientemente escolhemos viver de acordo com o nosso egoísmo em vez de vivermos conforme os valores revelados na pessoa de Jesus. Há realmente algo de trágico em tudo isso, porque é a confissão da distância infinita entre a santidade de Deus e a pobreza do homem. Sabemos, no entanto, que Deus pode servir-se da nossa fraqueza para manifestar o poder do seu amor e é exatamente isso que faz toda vez que nos abrimos ao seu perdão criador e reconciliador.

Além de um "não" consciente e livre ao projeto de amor do Senhor, há em nós também outra possibilidade: a de dizer "sim", mas impelidos por razões diferentes daquelas que proclamamos. Exatamente como no seguinte exemplo:

Paula tem vinte e três anos de idade e faz parte da "Caritas". Sua tarefa é ajudar algumas crianças cujas famílias estão em grandes dificuldades. Ela acompanha as crianças nos deveres escolares, preocupa-se em inseri-las no grupo e acompanha-as na catequese...

Paula escolheu esse trabalho após um retiro cujo tema central era tirado do capítulo 25 do evangelho de Mateus: "Todas as vezes que vocês fizeram isso a um dos menores de meus irmãos, foi a mim que o fizeram". Esse foi o impulso de sua decisão.

Entretanto, há algo mais. Paula não sabe — mesmo que por vezes o sinta — que tem uma grande necessidade de afeto. É uma necessidade subconsciente, isto é, fora do campo da consciência; contudo, esse campo atua exatamente como as correntes profundas do mar movem as águas ainda que não visíveis na superfície. A sua escolha, no nível consciente, baseada em um valor do Evangelho, na realidade foi feita para satisfazer uma necessidade frustrada. O resultado é que Paula, sem ter consciência, serve os outros para receber afeto.

Paula não tem consciência disso. Seu procedimento não é, portanto, pecado nem hipocrisia. Contudo, não se pode dizer que o seu ideal seja autêntico, nem que os seus gestos sejam o fruto de uma real interiorização das palavras de Jesus. O Evangelho diz que quem se encontra em necessidade é imagem de Jesus e não da "mamadeira da mamãe"!

O segredo para compreender o que acontece com Paula é perceber que nela, como em qualquer um, há motivações subconscientes. Essas razões constituem um mundo desconhecido aos demais, mas que influi muito na vida dos indivíduos e das comunidades.

Uma comparação pode ser útil para se entender do que se trata. Sabemos o que são os *icebergs*, aqueles enormes blocos de gelo que flutuam nos mares polares; no entanto, deles é visível só a parte que emerge, mas a direção de seu movimento é determinada pela parte que está submersa: essa parte não se vê, mas é ela que é conduzida pelas correntes e move todo o bloco. Do mesmo modo, qualquer pessoa não é só o que parece, nem apenas o que sabe ou diz.

Há em cada um o mundo amplo e movimentado das emoções, dos afetos, dos sentimentos. São essas coisas que dão força a tudo quanto fazemos: sem o seu suporte, toda a nossa decisão seria tão tênue como o papel e todo o nosso comportamento sem cor e vivacidade. Ora, tais emoções e o papel que elas desempenham na nossa vida podem, em parte, não ser reconhecidos ou mal interpretados; o que resulta daí é que se age dizendo que se é motivado por certas realidades (por exemplo, os valores cristãos), enquanto se é conduzido por outras (por exemplo, as próprias necessidades).

Estilos de vida moral

Em confronto com a proposta ética cristã, os jovens das nossas paróquias assumem atitudes diversas: revolta, conformismo, observância rígida, adesão convicta. Que há por detrás dessas atitudes? Qual é a parte submersa do *iceberg*? É exatamente isso que queremos considerar.

a) *A revolta* diante dos valores propostos pela moral cristã é uma primeira atitude difundida entre os jovens. Na saída da adolescência, desfraldando a bandeira da maturidade e da capacidade de julgar as coisas sozinhos, muitos deixam de lado qualquer tipo de norma para se consagrar à causa da "espontaneidade". Em essência, trata-se da recusa dos valores morais e das suas exigências. Eis um exemplo:

"Agora basta!", diz Antônio, um jovem de vinte e oito anos de idade, que com sua namorada está participando de uma série de palestras para noivos preparada pelo pároco. Não quer mesmo saber das normas da Igreja em matéria sexual e não suporta que essas coisas lhe sejam novamente propostas. Nada sobre relações pré-matrimoniais, paternidade e maternidade responsáveis, fidelidade no casamento... "Que vocês querem saber?" O padre encontra um modo bonito de dizer que o amor é diferente da espontaneidade, que o amor muitas vezes requer sacrifício e esperança, que a entrega de si mesmo deve ser total e deve respeitar o(a) parceiro(a)... "Histórias! Histórias! O que importa é a liberdade dos próprios sentimentos. E, além disso, nessas coisas ninguém pode vir ensinar-me nada!"

A intervenção de Antônio encontra boa aceitação. Suscita também outros tipos de protesto, todos eles com o mesmo tema de fundo: "Não somos mais crianças. Basta-nos a nossa consciência para sabermos o que fazer ou deixar de fazer!". "Não é obedecendo a coisas que não entendemos que vamos aprender a amar-nos como ensina o Evangelho!" "O amor é criatividade, não se pode enquadrá-lo em normas!", e por aí prosseguem as observações.

O único tema não examinado é a necessidade inconsciente de autonomia e de domínio que estimula o comportamento de Antônio, e é exatamente isso que faz o papel do protagonista. Alguma coisa reage violentamente nele toda vez que lhe são dadas sugestões, propostas diretrizes ou apontados sacrifícios a serem feitos. Eis de onde nasce a sua reação e onde se fundamenta toda a sua teoria sobre a liberdade de valores e sobre a criatividade do amor. No fundo, ele não quis defender o valor do amor autêntico, mas satisfazer as suas necessidades frustradas de autonomia e de domínio. Tanto isso é verdade que de amor, naquela reunião, na verdade, nem se chegou a falar.

Além disso, Antônio fala como se sua noiva devesse pensar como ele. Ele parece pensar deste modo: "Assim como eu não suporto que me venham com conselhos, assim também a minha noiva é contra as prescrições da Igreja e, portanto, nós dois acreditamos na liberação do amor e nos comportamos de acordo com isso". Mesmo não levando em conta o fato de que tal raciocínio merece a desaprovação quanto à lógica; quem disse que as coisas são assim? Pode ser que ela pense de maneira completamente diferente e que encare as atitudes de Antônio como impositivas e opressoras.

Antônio não é o único entre os jovens de hoje que reage dessa forma, e as necessidades que lhe dão sustento em sua neoliberação não são as únicas existentes. Contudo, dinâmicas desse tipo são freqüentes. Ocorre, assim, que os valores e as normas morais propostas não são apenas ignorados, mas considerados negativos e inoportunos. O estilo de comportamento que daí resulta, pode-se chamar "emotividade": é bom o que satisfaz as minhas necessidades e o contrário disso é mau. Os valores não são considerados na sua objetividade, mas apenas segundo a má capacidade de corresponder às expectativas individuais.

O estilo de vida desses "rebeldes" com relação aos valores morais é a "negação". São cegos e surdos diante deles. Eles os desprezam e até riem deles. Em geral, os "rebeldes" têm muita influência, condicionam atentamente a opinião pública com a sua agressividade aberta e as demais atitudes; para usar uma expressão da moda, podemos dizer que são "formadores de opinião".

Com uma comparação tirada do mundo animal, que não quer faltar com o respeito, mas apenas tornar o enfoque mais claro, tais pessoas podem ser comparadas aos organismos que vivem como "parasitas" e que, para sobreviver precisam eliminar ou prejudicar os outros: assim fazem com as pessoas e os valores objetivos. O *slogan* deles é: *mors tua, vita mea* [A tua morte é a minha vida].

b) A *conformidade* é um segundo estilo adotado por muitos jovens em face dos valores morais. É bem difundida e diz respeito aos modelos de comportamento em geral, dentro e fora da Igreja. A fim de torná-lo mais aceitável, esse modelo é, muitas vezes, apresentado com outros nomes, como "tolerância", "comunitariedade" ou simplesmente como "estar na moda". Em essência, trata-se da aceitação cega daquilo que o grupo (ou a sociedade em geral) propõe. A razão de tal adesão acrítica é só o medo de ficar sozinho e a incapacidade de andar com as próprias pernas. O exemplo que segue pode ser elucidativo.

> "Sim, mamãe!", respondia a pequena Francisca às orientações que lhe vinham sendo feitas pela família. "Sim, senhor diretor!", continuou a repetir nos anos passados como empregada de uma casa comercial. "Sim, padre Franco!", continua a repetir ainda hoje, depois de vinte e cinco anos que ela se engajou de modo mais amplo e convicto na vida da paróquia. Portanto, sempre "sim", ainda que as afirmações "morais" dos três grupos sejam bem diferentes entre si. Com efeito, a família de Francisca tem como primeiro ideal "fazer boa figura"; já a empresa em que ela trabalhou, "o ganhar muito sem grandes escrúpulos"; a paróquia, por fim, quer ser uma comunidade no seguimento de Jesus.

Não há dúvida de que o "sim", concreto e pouco crítico sempre foi para Francisca um ponto de alavancagem. Com a adesão total às regras do sistema em que se encontrava, ganhou o afeto familiar, o reconhecimento no trabalho e a estima dos outros paroquianos. Assim, os pais dela podiam dizer que "nunca se irrita"; o chefe, "que é muito eficiente"; o pároco, "que a obediência é a virtude dela".

Entretanto, que se passa no interior de Francisca? Que sabem os pais, o chefe e o pároco sobre o grande sentimento de humilhação de que ela está repleta, bem como do medo que essa humilhação suscita? Provavelmente nem tomaram consciência. Francisca tem auto-estima baixa, sente-se inferior, é levada espontaneamente a repreender a si mesma e a subvalorizar-se. Às vezes até lhe parece não ser merecedora de um simples olhar. Exatamente como lhe acontecia na infância, quando se propunha alguma coisa que não dava certo. Como fazer para sobreviver a essa ansiedade? A solução que encontrou é a de dizer sempre sim, de comprar dos outros, com a moeda da obediência, aquela estima que ela não sabe ter por si mesma.

O comportamento de Francisca, portanto, mais que "retidão moral" deve chamar-se "conformismo", que está bem distante do "sim" ao plano do Pai que serviu de guia à vida de Jesus.

O modo de agir de Francisca é mais difundido do que se imagina. Não é fácil encontrar um jovem capaz, que faz escolhas morais em tudo e por tudo, e que se dispõe a nadar contra a corrente. A conformidade cega é mais fácil e parece "pagar" melhor e mais rápido. O modo de viver que daí resulta é o "convencionalismo", cuja única preocupação é a de não perder o apoio do grupo. Os valores morais são assumidos não porque válidos em si, mas porque estabelecidos pela comunidade. Tanto é que, mudando o grupo ou a situação, mudam também os valores.

O estilo que está na base desses "conformistas" ante os valores morais é o do "recesso". Os conformistas obedecem de maneira superficial e externamente, sem convicção nem dedicação. Enquanto os "rebeldes", já estudados anteriormente, estabelecem os ideais do grupo segundo a medida de seu egoísmo, os "conformistas" se adaptam às regras fixadas por outros e se aniquilam a si mesmos para submeter-se a essas regras.

O exemplo do mundo animal que se enquadra neste modo de compreender a moralidade é representado pelos organismos que só vivem em simbiose com outros, uma simbiose tanto mais estreita quanto mais fracos eles forem.

c) A *observância rígida* é um terceiro estilo muito difundido de moralidade, próprio daqueles que exercem um controle rígido e contínuo sobre as próprias ações com a pretensão de eliminar pela raiz o mal na própria vida. "Basta ter um método — parecem dizer a si mesmos — e atingirei a perfeição". Essa aventura engaja todas as suas energias, mas não suporta atrasos nem hesitações, e torna-se aos poucos um peso insuportável e opressor. Para tais pessoas as normas morais a serem observadas não bastam. Precisam sempre de novas e mais perfeitas. Além disso, elas nunca são observadas como deveriam. É claro que uma tentativa desse tipo não pode ter sucesso e traz consigo a desilusão, a depressão, a raiva voltada contra si mesmo, o sofrimento e o juízo quanto ao mal de outrem como projeção da impaciência para consigo, a mania perfeccionista como último remédio para iludir-se de que está no caminho certo. Também aqui um exemplo pode ser muito ilustrativo:

Já é tarde e Lucas, estudante universitário do terceiro ano de economia, está pronto para deitar-se. Como de costume, faz seu exame de consciência: "Fiz tudo aquilo que deveria fazer?". E vai tirando de sua mente uma longa lista de deveres, horários e propósitos e deixando essa lista desfilar à sua frente, palavra por palavra, para verificar as suas faltas. O trabalho é árduo, mas não está todo ele contido aqui. Há outra lista que aguarda um exame, a das coisas que não devem ser feitas: "Quantas coisas fiz daquelas que não devem ser feitas?". Também aqui o empenho não é de pouca importância, mas com método e escrúpulo é cumprido. Em seguida, vem o momento dos propósitos para o dia seguinte e aí a coisa se torna mais simples, pelo menos na aparência: é só refazer todos os propósitos anteriores e mais um de reforço quanto aos não cumpridos. Além disso, importa que para cada falta formule uma estratégia de ação que impeça a sua repetição. As coisas precisam de um longo tempo e quando chega o momento de dizer: "Obrigado, Senhor, por este dia", não há mais tempo...
Lucas é muito estimado entre os jovens. Ninguém pode dizer nada sobre a sua consciência e seu empenho. O seu rendimento escolar é muito bom e todo o seu trabalho é preciso como um relógio suíço. Mais que estimado, porém, Lucas é temido. Os seus julgamentos, às vezes, são tão inclementes e as suas ações tão programadas a ponto de torná-lo frio, sem coração e pouco afeito a amizades muito íntimas e profundas. Por que Lucas é assim? Há qualquer coisa nele que o assusta,

alguma coisa a seu respeito que ele não aceita e lhe dá medo. Trata-se de uma agressividade muito grande. Sem que o saiba, todas as suas orientações morais não nascem de uma adesão cada vez mais completa aos valores, mas têm como escopo isolar e desarmar essa necessidade que ele sente cair sobre si como um perigo. Contudo, o novo mandamento dado por Jesus é: "Amem-se uns aos outros como eu os amei" e não: "Controlem a sua raiva!".

Também esse modo de entender a moralidade é muito comum. É uma moralidade legalista, em seu aspecto negativo, relacionada aos atos considerados isoladamente pela pessoa mais voltada para si mesma do que para os valores de Jesus. Daí resulta um comportamento obsessivo e escrupuloso, muitas vezes preocupado com detalhes insignificantes, um comportamento pouco flexível e muito ansioso. Os valores morais são respeitados e defendidos até o fim. Contudo, mais que a pessoa estar a serviço deles, são os valores que têm de estar a serviço de seus medos. O estilo fundamental desses "observantes" dos valores morais é o da "anexação": os valores e as normas tornam-se algo que eles possuem, que eles bem analisaram e em que são especialistas. É difícil reconhecer nas entrelinhas do seu código, tão bem organizado, as pegadas de Alguém a seguir, os traços da face de Jesus.

Reportando-me mais uma vez ao mundo animal, em busca de um exemplo, vêm-me à mente certos invertebrados que vivem dentro de um invólucro. São duros, rígidos por fora e moles por dentro, incapazes de qualquer flexibilidade e de adaptação ao ambiente.

d) A vida de *amor* é o quarto estilo da moralidade que me resta apresentar. É o que o Senhor espera de nós. É o "sim" dado a ele, que se manifesta em toda a vida concreta com todos os seu matizes e sua energias. As pessoas que vivem assim são as que aderiram aos valores morais pela sua verdade objetiva e não por outras razões. Tais pessoas sabem reconhecer as próprias fraquezas e seus erros. Estão prontas, porém, a reiniciar o caminho. E mais: estão dispostas ao sacrifício, à renúncia e ao amor desinteressado. Essas pessoas confiam nos outros, dão sua colaboração, estão dispostas a aceitar ajuda, mas ao mesmo tempo sabem ser independentes e autônomas. Com a mesma presteza com que sabem dizer "sim" aos valores morais e às exigências que esses fazem, sabem dizer "não" ao que se lhes opõe, ainda que o seu meio pense de outro modo. Enfim, são ao mesmo tempo persistentes e alegres em realizar tudo isso.

A melhor descrição desse modo de abraçar os valores morais foi feita pelo apóstolo Paulo em uma passagem muito bonita e profunda da primeira carta aos Coríntios:

Ainda que eu falasse línguas,
a dos homens e dos anjos,
se eu não tivesse o amor,
seria como sino ruidoso
ou como címbalo estridente.
Ainda que eu tivesse o dom
da profecia,
o conhecimento de todos os mistérios
e de toda a ciência;

ainda que eu tivesse toda a fé,
a ponto de transportar montanhas,
se não tivesse o amor,
eu não seria nada.
Ainda que eu distribuísse
todos ao meus bens aos famintos,
ainda que entregasse
o meu corpo às chamas,
se não tivesse o amor,
nada disso me adiantaria.
O amor é paciente,
o amor é prestativo;
não é invejoso, não se ostenta,
não se incha de orgulho.
Nada faz de inconveniente,
não procura seu próprio interesse,
não se irrita, não guarda rancor.
Não se alegra com a injustiça,
mas se regozija com a verdade.
Tudo desculpa, tudo crê,
tudo espera, tudo suporta (1Cor 13,1-7).

Diante dos valores morais, a atitude fundamental de quem é impelido pelo amor é a da "adesão": os valores são interiorizados; a eles a pessoa adere e se consagra. A coerência e a retidão moral são para tais pessoas a proclamação do *Credo*, não com a boca, mas com a vida cotidiana. Quem vive próximo a tais pessoas reconhece claramente atrás de suas decisões e renúncias as palavras de Jesus: "Se alguém quer me seguir, renuncie a si mesmo, tome cada dia a sua cruz e me siga. Pois, quem quiser salvar a sua vida, vai perdê-la; mas, quem perde a sua vida por causa de mim, esse a salvará" (Lc 9,23-24).

A espécie de animal certo para representar esse modelo é o vertebrado: é flexível e elástico por fora, porque robusto por dentro, tanto possuidor de uma forte estrutura interna como de órgãos externos sensíveis e delicados.

Assim elenquei quatro "estilos de vida moral", que são apenas pontos de referência e os exemplos propostos são apenas imagens (ainda que não muito distantes da realidade dos fatos). A realidade, certamente, é mais complexa, indefinida. Tudo isso, no entanto, é útil na medida em que lembra que a mesma atitude ou um mesmo comportamento pode ter um desempenho bem diferente. Ou seja, pode ser o fruto de dinâmicas bem distintas entre si e não todas autênticas. Assim, por exemplo, o próprio gesto de amor (como a doação de alguma coisa) pode ser feito por revolta contra a avareza dos próprios familiares, por conformidade às decisões do grupo de jovens de que se faz parte, por observância de um programa de auto-aperfeiçoamento ou por amor cristão. Apenas na última dessas possibilidades trata-se de um gesto não só correto, mas também moralmente bom.

Como animadores vocacionais podemos fazer aqui mais algumas questões.

• Em nosso trabalho de formação nos preocupamos com razões profundas ou apenas com atitudes exteriores?

• Quais meios concretos acionamos para verificar o tipo de adesão ou de rejeição diante dos valores propostos?

• Sabemos perceber quando há necessidades subconscientes que se fazem presentes sem serem reconhecidas?

Como formar para os valores morais? O testemunho, o diálogo, o exame de consciência e a decisão

A formação da consciência

Há algo em cada um de nós que serve como "ponte" entre os valores morais e as atitudes concretas diante deles. Trata-se da consciência. Essa é a intimidade secreta, o sacrário da pessoa, em que se encontra a sós com Deus e onde lhe ouve intimamente a voz. Na consciência revela-se, de modo admirável, a lei que consiste em amar a Deus e ao próximo. A fidelidade à própria consciência é o laço mais profundo que une todos os seres humanos entre si, até mesmo os cristãos, na busca da verdade de uma solução autêntica para os problemas morais que surgem na vida de cada um e na relação de uns com os outros na sociedade (*Gaudium et spes,* 16).

As pessoas, portanto, não podem ser comparadas às lousas sobre as quais escreviam os antigos: lisas e frias, qualquer que fosse o conteúdo que viesse gravado nelas. Em cada um, pelo dom de Deus, há uma abertura interior, um desejo de verdade, um encaminhar-se para o bem. Retomando a comparação usada no início, pode-se dizer que, se, de um lado, Gulliver encontrou países bem diferentes e desconhecidos, de outro, é verdade também que ele se pôs em viagem e, portanto, havia nele uma busca. Assim se passa com o homem de hoje: os problemas e os erros na sua vida existem, mas há também o desejo de autenticidade que Deus inseriu em seu coração. Os valores se voltam exatamente para essa dimensão da pessoa, para sua consciência. Os valores, certamente, estão acima e vão além do homem, contudo, satisfazem uma expectativa já presente nele. Entre as questões dos jovens e a objetividade dos valores morais há consonância profunda, há a conformidade com a natureza. Isso significa que se o valor é aceito, torna-se uma realidade interior, capaz de satisfazer em grau máximo as genuínas aspirações humanas.

A formação da consciência é o dever maior para quem pretende ajudar a viver os valores morais. Os encaminhamentos dessa atividade são sempre dois: comunicar os valores objetivos para os quais a consciência está realmente aberta e, além disso, ajudar as pessoas a interiorizá-los autenticamente. A consciência de cada pessoa não "nasce pronta", mas tem a sua história, um caminho a percorrer. Esses dois aspectos devem sempre estar presentes. Preocupar-se apenas em transmitir o conteúdo significa construir castelos no ar; estar atento apenas à situação do indivíduo é o mesmo que reduzir os valores àquilo que as circunstâncias permitem ou sugerem.

Como encontrar o equilíbrio exato entre o grande e profundo ideal que a moral cristã propõe e as potencialidades no caminho do jovem que já se pôs a vivê-los? Essa é a questão-chave de todo bom educador.

Estilos de educação

Assim como há "estilos de vida moral", há também diversos modos de entender a formação da consciência. Cada educador parte, concretamente, sempre de uma idéia precisa de quem é a pessoa que lhe é confiada e utiliza o método que lhe parece mais adequado. Assim, há quem aposte na espontaneidade, quem tudo alicerce na disciplina e há quem se preocupe em garantir o testemunho e o posicionamento crítico. Qual desses estilos diz respeito ao equilíbrio acima descrito?

a) Há adultos que têm uma visão excessivamente *otimista* e idealista a respeito dos jovens e de suas vidas; esse modo de ver as coisas tem as suas conseqüências, que influem nos métodos adotados na formação moral.

Os educadores que pensam assim a respeito da formação moral não se sentem instigados pela sua tarefa vocacional; eles acham que a capacidade de discernimento e a retidão moral são dons inatos nos jovens e que pouco a pouco darão seus frutos. Não importa, portanto, fazer um esforço especial. O seu trabalho educativo consiste apenas em remover os obstáculos que impedem a árvore da moralidade de frutificar. O caminho apontado para atingir a maturidade moral é o da auto-realização: "Faça o que lhe parecer melhor!", "faça o que você considerar justo!", "Tome a sua decisão!".

O método educativo correspondente deixa um espaço livre para a *espontaneidade,* com a convicção de que "constranger não é educar", esquecendo que educar é, porém, uma arte que não se limita apenas a ficar observando.

O resultado é que os valores morais não são propostos com a sua objetividade. Dessa maneira, criam-se confusões e ambigüidades ao julgar o que é bom e o que é mau. Concretamente, a espontaneidade leva mais a satisfazer as necessidades egoístas do que a aceitar os sacrifícios e as renúncias inevitáveis para alcançar a autêntica alegria da vida cristã.

Esse modo de proceder é destruidor. Além das razões já indicadas, há uma que merece destaque: os jovens de fato não se sentem amados e acompanhados por um educador que toma tais atitudes. A convicção que se desenvolve neles é esta: "O meu educador pouco se importa comigo, não importa o que eu faça". Há problemas morais na vida deles e o que eles querem é uma ajuda e não indiferença.

b) Há outros adultos que, contrariamente aos primeiros, têm uma visão muito *pessimista* dos jovens a eles confiados e isso também tem suas conseqüências sobre os métodos com que transmitem os valores morais. Tais adultos estão preocupados principalmente com o que os jovens a eles confiados possam ter de mau em si e transmiti-lo aos outros. Na melhor das hipóteses consideram que os jovens não são bons nem ruins. Imaginam os jovens mais ou menos como a argila que se deixa plasmar sem restrições e assume a forma escolhida por quem a manipula.

Quem pensa as coisas assim vive o seu papel formativo como uma batalha e se fundamenta na *disciplina*, aplicando-a de modo errado. Entre tantos símbolos e desejos manifestados pelos jovens — segundo ele —, há os que devem ser incentivados e os que precisam ser reprimidos e eliminados energicamente. O meio para se fazer essa seleção é a distribuição de prêmios ou castigos. Não se trata necessariamente de aplicações físicas. São mais de tipo psicológico: não-demonstração de afeto, falta de consideração ou atribuição de sentimentos de culpa. Exemplo típico é o pai que, para corrigir o comportamento de seu filho, diz: "Não faça isso, porque eu morrerei de desgosto!". O resultado é que as atitudes propostas são assumidas pela pessoa educada não por convicção, mas com o propósito de ganhar uma recompensa ou de evitar uma punição. Não é uma adesão profunda aquela que o jovem desenvolve e, de fato, muda logo que a autoridade do educador começa a ser questionada.

Esse modo de proceder tem alguns aspectos positivos: revela realmente uma preocupação do educador para com aquele que lhe é confiado e mostra também o desejo de transmitir alguma coisa. O que descrevemos não é, contudo, a melhor maneira de exigir a disciplina e está longe do significado que essa palavra possa ter. Disciplina vem de "discípulo". A sua raiz mais profunda, portanto, deveria ser o convite ao seguimento de Jesus.

c) Há um terceiro tipo de adultos que tem uma visão *realista* dos jovens. Esse grupo de adultos sabe que existe nos jovens uma inclinação e uma disposição para fazer as coisas boas e para levar uma vida autêntica. Contudo, sabem também que esse anseio positivo convive com limitações e fraquezas que levam para outras direções. O coração de cada jovem, como o de cada pessoa, está dividido pelo conflito enquanto está a caminho. Exatamente por causa da presença dessa ambigüidade é que o educador sabe que pode ajudar muito. O seu primeiro serviço consiste em *falar dos valores morais,* de sua objetividade, e que eles encerram algo completo (o que isso significa já vimos no primeiro item destas reflexões). Desse modo, o educador ajuda quem lhe é confiado a não se desviar do objetivo do seu caminho e a não embaralhar os meios para atingir a sua meta. Ao agir assim, o educador é, de fato, eficaz, se realmente der testemunho, isto é, se ele mesmo, antes de qualquer outro, viver os valores morais que se propõe a anunciar. O segundo serviço que o educador pode prestar é ajudar os jovens a *descobrir as limitações,* em estado consciente e inconsciente, presentes neles (o que isso significa já vimos no segundo item destas reflexões), para serem aceitas, superadas, absorvidas. A arte do diálogo e a coragem de confrontar as coisas são necessárias para atingir esse objetivo: importa ouvir os jovens, analisar a razão de seu comportamento, questioná-los sobre seus motivos e também, quando as coisas acontecem, saber colocá-los "em crise", com perguntas pertinentes.

O resultado desse estilo educativo é que os valores morais vão sendo interiorizados. O indivíduo aceita-os livremente (e não de modo obrigatório) pela sua veracidade intrínseca (e não por causa da auto-realização) e isso transforma a própria vida de acordo com as exigências que tudo isso traz consigo.

É claro que quanto aos três estilos — educador-espontaneidade, educador-disciplina e educador-testemunho —, o último é o que se apresenta como sendo o melhor.

Os meios concretos

O terceiro tipo de educador dos acima descritos serve-se de meios concretos na sua obra de formação da consciência. Dois desses meios dizem respeito diretamente a ele: o testemunho e a capacidade de dialogar; outros dois são indispensáveis no ensinamento para quem está a caminho: o exame de consciência e a capacidade de tomar decisões.

a) O *testemunho* é o primeiro e o mais eficaz meio para transmitir os valores morais e moldar a consciência dos jovens a eles. A vida autêntica é contagiosa. Os valores morais se transmitem primeiramente e melhor pelos fatos do que pelas palavras. As coisas concretas são mais eloqüentes e mais claras que qualquer outro discurso. Vem-me à mente uma experiência de preparação ao casamento para grupos de noivos. As reuniões eram feitas na casa de um casal com quatro filhos. Mais do que as orientações do padre e do coordenador, impressionavam os gestos e as convicções daqueles pais, por vezes expressos com a mamadeira ou o ferro de passar roupas em mãos. A necessidade do testemunho implica duas coisas.

• Importa, antes de tudo, viver o que se quer transmitir. Todo bom educador está em condições de tornar seus, com autonomia, os valores morais, sem rejeição, sem fugas ou sem inflexibilidade. Ele reconhece suas limitações e suas fraquezas. Sabe pedir perdão e retomar o caminho. A oração é o segredo de sua autenticidade; o amor torna-se o estilo de vida só por obra do Espírito Santo. Eis algo que se deve pedir para si e para as pessoas que querem ser educadas, formadas.

• Importa propor modelos. Os exemplos apontam o caminho. Na educação moral é claro que se precisa de uma boa formação, mas os jovens recebem inestimável ajuda se viverem em contato com pessoas adultas que, como cônjuges, sacerdotes, religiosas e religiosos, mostrem por atitudes o que professam em palavras.

b) A *capacidade do diálogo* é uma segunda disposição que todo educador deveria cultivar. Dialogar é pôr em prática, no próprio relacionamento, as atenções necessárias para a formação: saber ouvir e exigir. No diálogo educativo estão presentes quatro "etapas".

• Conhecer o jovem que se tem diante de si tal como ele é. É uma coleta de dados: o que ele faz, como vive, que sonhos tem, o que pensa, qual a sua história...

• Buscar o substrato de sua vida: subjacente às informações colhidas há um projeto, um encaminhar-se para.

• Confrontar a vida da pessoa e o projeto que a guia com os valores morais. Se esses valores não forem conhecidos, devem ser propostos; se mal interpretados, devem ser esclarecidos. Aqui também as coisas devem ser palpáveis, ou seja, é preciso ajudar os jovens a considerar as suas escolhas diárias perguntando-se: a motivação que me impele é realmente cristã?

• Ajudar a pessoa a progressivamente sintonizar-se com o projeto de vida cristã. É um caminho que demanda tempo e no qual são de grande utilidade os momentos de análise (no diálogo pessoal) e etapas mais intensas (dias de retiro, recolhimento...).

c) O *exame de consciência* é uma prática a nós transmitida pela tradição cristã e que, se bem conduzida, pode ser de grande valia para a formação moral e cristã em geral. É um encontro com Deus que nos revela a nós mesmos, reconcilia-nos e nos faz ficar constantemente atentos à nossa vida. Certamente todos nós sabemos de que se trata. Parecem-me, contudo, importantes algumas observações.

• O exame de consciência é oração. Significa, na realidade, estar diante de Deus como somos. Significa "entrar em nós mesmos" sob o olhar de quem nos conhece e nos ama intimamente. O exame de consciência é feito ante o Evangelho.

• Não basta observar as ações, mas é indispensável questionar-se sobre as razões que levam a agir como sobre as motivações que as atraem. Não basta perguntar-se "o que eu fiz?", mas também saber "por quê?" e "por quem?" fiz isso.

• Não basta concentrar a atenção sobre os comportamentos e fatos externos. Importa deixar emergir todo o mundo interior de sensações, sentimentos, emoções, afetos, sonhos, distrações... é uma pista muito útil para descobrir os reais motivos das nossas escolhas.

• O critério de medida é o "melhor" (entregar-se todo dia cada vez mais ao Senhor e aos irmãos) e não o "mínimo" (não fazer nada de mal). Nesse sentido, o primeiro lugar no exame de consciência não é o do mal praticado, mas o do bem não realizado de modo suficiente.

• O exame de consciência é ainda o momento em que busco os sinais da presença e do chamado de Deus na minha vida: eu os descubro, eu os contemplo e dou graças. O louvor conclui esse momento de oração e o dia.

d) A *capacidade de decisão* é algo que em teoria todos temos, mas de fato é difícil encontrar jovens preparados para tomar decisões. Mesmo entre os que têm mais convicção dos valores morais muitas vezes há os que hesitam e titubeiam nas circunstâncias concretas. Uma razão para isso é que as decisões que a fé cristã requer são muito específicas. Segundo a mentalidade corrente, uma decisão humana perfeita deveria ser segura (os elementos de risco reduzidos ao mínimo), a baixo custo (mínimo esforço e máximo rendimento), clara e precisa (sem possibilidade de aberturas ou ulteriores exigências). Já as decisões requeridas pelos valores morais têm características bem diferentes, que são apontadas e descritas no trabalho de formação. Tais decisões realmente:

• contam com o risco. Cada decisão é de algum modo um transcender-se, um entregar-se, um ir além de nós mesmos. Aderindo completamente a um valor moral, a pessoa sabe não tanto "pôr-se em segurança" como "pôr-se a caminho";

• exigem mais. Entre todas as ações, as mais preferidas dos cristãos são as que exprimem a maior intensidade de amor, ainda que tenham um resultado mínimo; portanto, na decisão sempre há a escolha do "melhor" e também uma dimensão de renúncia e de sacrifício;

• são precisas mas sempre mais abertas. O projeto ético cristão tem traços bem definidos, normas bem claras, mas o ideal proposto não é a sua execução mecânica; são apenas o ponto de partida para uma doação de si, sempre renovada e total.

Antes de concluir, propomos mais algumas perguntas: a nossa primeira preocupação é a formação da consciência das pessoas? Com que estilo desempenhamos esse serviço? Quais os meios concretos que utilizamos e sugerimos?

Conclusão

"Tu, Senhor, nos és necessário"

Uma oração de Paulo VI traduz muito bem o que dissemos. Quando se tornar habitual orarmos assim e se ensinarmos a rezar assim, creio que o nosso trabalho de animação vocacional e de formação para os valores morais terá boas perspectivas de sucesso. É com essa oração que quero terminar a presente reflexão:

Tu nos és necessário,
único verdadeiro mestre das verdades indispensáveis da vida,
para conhecer nosso ser e nosso destino
e o caminho para alcançá-lo.

Tu nos és necessário,
ó Redentor nosso,
para descobrir a nossa pobreza e para curá-la,
para ter o conceito do bem e do mal
e a esperança da santidade,
para chorar nossos pecados
e para deles obter o perdão.

Tu nos és necessário,
ó irmão primogênito do gênero humano,
para encontrar as verdadeiras razões
da fraternidade entre os homens,
os fundamentos da justiça,
os tesouros da caridade,
o sumo bem da paz.

Tu nos és necessário,
ó grande paciente das nossas dores,
para conhecer o sentido do sofrimento
e dar ao sofrimento um valor de expiação e de redenção.

Tu nos és necessário,
ó Cristo, ó Senhor, ó Deus-conosco,
para aprendermos o amor verdadeiro
e caminharmos na alegria e na força do teu amor,
ao longo do nosso caminho de fadiga,
até o encontro final Contigo, amado,
Contigo, esperado, Contigo, ó bendito nos séculos.
Assim seja!

3. FORMAÇÃO PARA A POBREZA E PARA A OBEDIÊNCIA

G. Santos

POBREZA

Em 1955, Carlo Carretto vivia no deserto do Saara, para um período de noviciado na localidade de El Abiod. Durante o mês de janeiro daquele ano escreveu para as suas duas irmãs freiras, Dolcidia e Emerenziana, descrevendo a sua vida naquela terra entre "areia e céu".[1]

> Primeira coisa: estou contente, muito contente, e parece que tenho quinze anos de idade. A vida que levamos é espartana. Não me incomoda nem um pouco ter de dormir no chão e ter de vestir sempre um macacão sujo; nem se pensa em gravata [...] Mas tudo é aceito com tanta alegria e tamanha naturalidade que se chega a ter compaixão daqueles que param diante do espelho e se preocupam com a cor da camisa.

E dirigindo-se às suas irmãs acrescenta:

> Aqui é uma escola para se aprender a ser pobre, e vocês sabem que a pobreza é aparentemente dolorosa, mas na realidade não é nada menos que uma bem-aventu-

---

[1] SIBILLA, G. C. Carlo Carretto: una trasparenza della gioia. *Se vuoi* (set./ott. 1989) 40.

rança e, portanto, fonte de grande, de grandíssima alegria. Além do mais, é escola de liberdade e de desprendimento, ambas coisas maravilhosas e divinas.

E na mesma carta:

Esta sensação de liberdade nos proporciona o desprendimento das coisas. Não há preocupação com o estar bonito ou feio, com a barba feita ou por fazer... Claro, tudo isso não é um fim; é um meio para acabar com qualquer escravidão, para tornar-nos fortes, para aprendermos a sofrer, a trabalhar e a tornar-nos simples, porque o Evangelho é dos simples e é mais fácil entendê-lo assim.

Para Carlo Carretto, o período passado no deserto, em pobreza e trabalho, foi uma verdadeira escola. A vida religiosa, especialmente a pobreza evangélica, passou a ter para ele um sentido muito profundo.

O chamado à vida religiosa é um dom. Cristo, hoje, continua a caminhar pelas nossas cidades e vilas fazendo o seu convite aos jovens, para que o sigam, imitando-o na vida obediente, pobre e casta e no amor.

Toda pessoa consagrada para uma missão pode influir sobre a vida e a formação dos jovens, quer pelo contato direto nos programas de formação, quer simplesmente por um testemunho silencioso e misterioso de uma vida coerente.

Por isso, o que seguirá sobre a pobreza e a obediência vale para a formação dos jovens, mas também pode servir de estímulo a todos nós, chamados a viver esses votos.

Desenvolverei o tema dos votos da forma como são vividos na vida religiosa, ainda que a pobreza, a castidade e a obediência sejam importantes também na vida do sacerdote diocesano, como demonstra o documento conciliar *Presbyterorum ordinis*, 15-17.

A pobreza religiosa, hoje, é vivida de modo diferente do que em 271 d.C., quando Antão do Egito se recolheu ao deserto para iniciar a vida eremítica. E também parcialmente diferente da pobreza seguida por Francisco de Assis, em 1206, inspirado pela leitura do evangelho de Mateus e pelas palavras de Jesus, entendendo que as pessoas chamadas por Jesus deveriam deixar tudo para segui-lo.

O aspecto exterior da pobreza, ao longo dos séculos, assumiu formas diversas conforme as condições e mudanças dos tempos. Porém, a essência dessa virtude ficou intacta. A pobreza significa ainda fazer a entrega de si mesmo e dos próprios bens, por imitação a Cristo que, sendo rico, escolheu tornar-se pobre por nós (cf. 2Cor 8,9). É um despojamento escolhido livremente, por amor a Cristo, a favor dos irmãos a quem servimos. A *kénosis* de Cristo torna-se o modelo do nosso despojamento e da nossa disponibilidade.

Pobreza como renúncia

A renúncia vem unida à pobreza, porque significa doar espontaneamente o que se gosta. A pobreza consiste em renunciar ao que não é essencial, mas, às vezes, também ao que é essencial. Devemos reconhecer, no entanto, que no nosso tempo a prática da pobreza pode ser muito mais suave que no passado. Quando são Bernardo, em 1115, deixou Cister para dirigir-se a Claraval com o intuito de instaurar um novo mosteiro junto com seus companheiros, teve de drenar pântanos antes de começar a construção. Com pouquíssimos bens tiveram de construir o mosteiro desde os alicerces. Hoje temos mosteiros já mobiliados, aquecidos, bem iluminados, quartos individuais e com outras comodidades consideradas necessárias à vida atual.

O desenvolvimento do mundo e as invenções dos últimos tempos desafiam a nossa vida de pobreza de tal modo que os nossos ancestrais religiosos não se reconheceriam na vida consagrada atual!

Ouvindo as recordações das irmãs mais idosas da minha comunidade, fiquei sabendo que logo depois da guerra* havia muita pobreza material. E que muitas delas entraram na vida religiosa com as poucas roupas de que dispunham. Hoje, muitos dos jovens que batem à porta dos nossos institutos vêm guiando seu próprio carro, trazem uma bagagem enorme, ou ainda a guitarra ou o último modelo de aparelho de som.

Os tempos mudaram e é preciso uma nova formação para a pobreza. Hoje existe a possibilidade de ter mais e, portanto, também a possibilidade de renunciar a mais. A escolha de despojar-se também se torna mais difícil. Os jovens que estão aprendendo a prática da pobreza têm necessidade de que se lhes ensine o significado exato desse conselho evangélico e a maneira de vivê-lo mais virtuosamente.

---

* Referência à Segunda Guerra Mundial (1939-1945). (N.E.)

A ânsia de possuir

Por que será tão difícil a renúncia? O que se encontra na base desse conselho que é tão difícil de abraçar e de se pôr em prática?

Na estrutura psicológica de cada indivíduo existem tendências ou estímulos característicos da natureza humana. Lemos no livro do Gênesis que Deus tomou um punhado de terra para modelar o próprio homem (2,7). Empregando essa linguagem figurada, pode-se dizer que todos os seres humanos surgem desse solo comum e, portanto, possuem características que na psicologia são chamadas "necessidades".[2] Essas necessidades ou forças encontram-se em vários níveis.

Há as necessidades fisiológicas (comer, beber, descansar, dormir); há também as necessidades psicológicas (sentir-se amado e compreendido, controlar o próprio meio, aprender coisas novas, defender-se dos ataques etc.); há ainda as necessidades racionais-espirituais (conhecimento de si mesmo, conhecimento de Deus, a busca do transcendental, a prática da virtude moral).

Todas as pessoas experimentam essas necessidades ou forças, até mesmo aquelas que se dedicam ao sacerdócio ou à vida religiosa. Sacerdotes, religiosas e leigos consagrados, diante dessas necessidades, não são diferentes do restante da humanidade, nem possuem um gene

---

[2] HALL CALVIN, S. & LINDZEY, G. *Theories of Personality*. New York, John Wiley & Sons, 1957. p. 216. (Ed. bras.: *Teorias da personalidade*. 4. ed. Porto Alegre, Artes Médicas, 2000.)

especial ou uma combinação singular de cromossomos que os diferencia das outras pessoas. Como os demais, também eles foram criados do solo comum.

Entre as necessidades psicológicas partilhadas por todos, encontramos o desejo de adquirir, isto é, o desejo de obter algo para si, possuir, construir, administrar os próprios recursos.

Essa tendência está presente em todas as culturas. No Primeiro Mundo isso se exprime na atividade frenética de aumentar os próprios haveres: uma casa ricamente mobiliada e projetada por arquiteto, um ou dois carros, aparelhos de televisão, vídeos, computadores pessoais.

No Terceiro Mundo essa necessidade se exprime de modo diferente. Em alguns países da África, por exemplo, a riqueza é medida pelo número de vacas que alguém possui. Quanto mais ele tiver, mais rico será, e poderá ter mais mulheres (a poligamia continua existindo), porque para ter uma mulher o homem precisa pagar certo número de vacas à família dela.

Esses exemplos nos mostram como está arraigada na natureza humana a necessidade de possuir e de conseguir coisas. Sejam carros ou vacas, a busca básica é a mesma, muda apenas a maneira de ela se manifestar.

Também nós religiosos passamos por essa busca, e também a experimentam os jovens com os quais trabalhamos. Com o voto de pobreza, renunciamos livremente ao direito de possuir e de dispor dos bens materiais. Fazêmo-lo por amor a Cristo, que não teve riquezas humanas nem sequer um lugar onde pudesse repousar a cabeça. Ele chamou de "bem-aventurados" aqueles que são pobres em espírito (cf. Mt 5,3).

Isso requer sacrifício e maturidade.

A escolha da pobreza significa que os jovens desejosos de viver esse conselho evangélico, como também aqueles que o vivem há anos, descobriram em Cristo o Absoluto de sua vida. Cristo torna-se tão importante para eles, que desejam deixar de lado todo o resto, suportando os sacrifícios da pobreza para poder assemelhar-se a ele e "permanecer com ele" (cf. Jo 1,39). No entanto, tomam consciência de que, sem bens, sem uma moradia estável, sem um nome e sem poder, viverão em um estado precário e de abandono. Dependem, contudo, de Cristo e nele confiam. Ele é aquele que pode saciar o coração humano, que estende sua graça para todos, até mesmo para as menores das criaturas. E, paradoxalmente, a sua pobreza torna-se riqueza para os seus seguidores.

Pobreza pessoal e comunitária

Hoje, para os jovens que recebem orientação para a escolha da vida religiosa, apresenta-se uma nova realidade. Realidade que também é um desafio. Espressamola com uma pergunta pertinente: como conciliar certas estruturas comunitárias e certos apostolados com a pobreza professada pelos religiosos desses institutos?

Os jovens se encontram diante de uma diversidade de trabalhos apostólicos: a comunidade pode dispor de pessoas de uma casa de recuperação moderna, ou pode ter uma escola particular ou uma universidade ou estar envolvida no apostolado da comunicação, ou ensinar catequese aos pobres, ou, ainda, trabalhar e viver entre os operários.

Nesse complexo de atividades, os jovens se perguntam: quais entre esses religiosos vivem realmente a pobreza?

Para responder a essa questão, precisamos admitir que as características dos trabalhos da Igreja progridem com o tempo. A Igreja é fermento no mundo de hoje e precisa falar para o coração da humanidade com uma linguagem bem atual.

Por isso os institutos dedicados à educação devem estruturar-se como as outras organizações seculares. Isso significa ter prédios bons, bibliotecas bem equipadas, até mesmo com modernos computadores. Os institutos dedicados à evangelização com os meios de comunicação social devem estar em dia com a terminologia sofisticada da mídia do mundo de hoje. Os livros, as revistas, os vídeos que produzem serão permeados pela mensagem do Evangelho, mas apresentar-se-ão com a veste moderna de uma tecnologia criativa.

E, então, onde fica a pobreza? A verdadeira pobreza encontra-se na prática individual e pessoal desse voto por parte de cada religioso. Mesmo se um religioso estiver envolvido com grandes atividades do instituto, ele pessoalmente deve viver um estilo de vida simples e pobre, cultivando em si a mentalidade dos pobres em espírito.

Podemos, pois, falar de ideais institucionais e ideais pessoais.[3] Os ideais institucionais são os que a congregação propõe aos seus religiosos; os ideais pessoais são os que o indivíduo escolhe para si mesmo.

O objetivo da formação é criar a maior harmonia possível entre ideais institucionais e pessoais. Muitas vezes, entretanto, entre os dois tipos de ideais emergem as inconsistências causadas pelo influxo do subconsciente. Às vezes, os ideais pessoais são influenciados por motivos subconscientes que se opõem aos ideais das instituições. Quero explicar isso com um exemplo.

> Vamos supor que um jovem, como Cláudio, tenha uma necessidade subconsciente de dominar ou de aparecer, ou de granjear prestígio. Ele sente atração por uma ordem religiosa cujo apostolado consiste na educação, até em nível universitário. Ele decide ingressar na ordem para satisfazer as próprias tendências. Desse modo, dedicar-se-á ao ensino nessa ordem não tanto por um amor gratuito, mas pela premência de fazer um nome. Ele dirá que está praticando o apostolado, contudo, o prestígio e a glória que recebe lhe servem para satisfazer as suas necessidades subconscientes de aparecer.

Conscientes da capacidade humana de poder enganar-se, os responsáveis pela formação procurarão desenvolver, primeiramente em si mesmos e depois nos jovens a quem servem de guia, uma atitude de sinceridade

---

[3] Cf. RULLA, L. M. *Antropologia da vocação cristã*. Bases interdisciplinares. São Paulo, Paulinas, 1987. p. 29.

que permita descobrir as próprias motivações. Outra atitude a ser estimulada é a coragem de descobrir e admitir as próprias limitações, tendo consciência de que essa descoberta não diminui a auto-estima mas, antes, torna-se uma ocasião propícia para crescer e amadurecer.

A formação para a pobreza requer que seja comunicado ao jovem o significado e a beleza desse conselho evangélico, quer sob o prisma do ideal institucional, quer sob o prisma pessoal. Os valores são apresentados como algo atraente a fim de que a pessoa possa desejá-los. Boa parte do trabalho de formação consiste em explicar, distinguir, mostrar o mérito e a desejabilidade dos valores, de modo que o/a formando/a se convença de que vale a pena deixar todo o resto a fim de adquiri-los. Isso pode ter uma comparação com um negociante que sabe distinguir entre um anel de diamante comprado em uma galeria e um anel comprado por cinco reais em um camelô. O comerciante estará disposto a investir muito dinheiro no verdadeiro anel de diamante.

É preciso que a pobreza se torne um valor realmente apreciado para que possa ser vivida em plenitude e, assim, vir a ser sinal para os outros. A atitude da pessoa pobre é marcada pelo desprendimento e pelo despojamento, pela disponibilidade e pelo serviço. Os religiosos são chamados a renunciar a todos os esquemas de poder, de grandiosidade, de *status*, de bem-estar e de fama.

A alegria da pobreza não deriva da privação em si mesma (o que seria masoquismo), mas da convicção de que o despojamento, o não possuir, o desprendimento dos bens humanos, são entregas pessoais a Deus, que nos ama sem reservas. Por essa razão é que Carlo Carretto pôde escrever no deserto: "Estou feliz", "estou muito contente".

Certa frugalidade e radicalidade são necessárias, de acordo com o nosso tempo e com o carisma do próprio instituto. As palavras de Cristo a esse respeito não são ambíguas: "Qualquer um de vocês, se não renunciar a tudo o que tem, não pode ser meu discípulo" (Lc 14,33).

> Lembro-me de um homem que, embora não fosse religioso, observava a pobreza de modo radical. Refiro-me a Giorgio La Pira. Quando vivia no convento dominicano de São Marcos, em Florença, entregava todo o seu salário ao vigário, recomendando-lhe que ficasse com o que fosse necessário para seu sustento e moradia e distribuísse o restante aos pobres.

As pessoas pobres em espírito deixam transparecer uma atitude de generosidade e gratuidade, própria de uma vida coerente. Os seus exemplos tornam-se o testemunho mais concreto que se possa dar aos jovens; um testemunho que fala mais alto que as palavras.

Pobreza como liberdade

A verdadeira pobreza leva à liberdade; traz como conseqüência a liberdade.

Quando falamos de liberdade, obviamente falamos de liberdade material e de liberdade espiritual ou interior. A liberdade material, no caso da pobreza, significa que temos a capacidade de adquirir e de possuir bens. A pobreza como conselho evangélico não teria muito sentido se não se possuíssem meios materiais. Não podemos dizer que os pobres que moram nas favelas do Rio de Janeiro estão vivendo o conselho de pobreza. Talvez alguém o viva. Mas, a pobreza deles é uma pobreza forçada (involuntária), ao passo que a verdadeira definição do conselho de pobreza evangélica só tem sentido quando abraçada livremente.

A liberdade interior

Falando da liberdade espiritual ou interior, referimo-nos à capacidade de fazer escolhas e de cumpri-las. No entanto, a liberdade, ou seja, essa capacidade de escolher, não é assim tão fácil como às vezes pensamos. "Não se trata de uma dicotomia entre: ser ou não ser livre. Trata-se, pelo contrário, de ser livre de modos e em graus diferentes."[4]

Talvez pensemos que viver em um país livre, entrar livremente em uma congregação, signifique sermos totalmente livres em nossas escolhas e decisões e que a nossa prática da pobreza será sempre determinada pelos ideais mais nobres. Isso habitualmente não acontece. A nossa liberdade pode ser limitada por motivos subconscientes que nos impedem de interiorizar os valores e vivê-los em plenitude. Pode-se proclamar a necessidade de ser pobre e trabalhar pelos pobres, porém, as ações podem ser até contrárias.

---

[4] Idem, ibidem, pp. 19-20.

Pode acontecer, por vezes, que alguém diga algo e depois não o faça ou aja de maneira totalmente diferente daquilo que está dizendo? Uma resposta elementar a essa pergunta é que a nossa liberdade de fazer o que pregamos e propomos pode ser diminuída por conflitos subconscientes. Há algo que não chegamos a reconhecer e que nos impede de agir de forma autenticamente livre.

Para deixar mais claro o conceito, recorremos a um exemplo: uma pessoa que trabalha para os pobres, mas que não é plenamente livre naquilo que professa.

Irmã Débora leu muitos livros e revistas sobre os pobres e sobre religiosos dedicados a aliviar essa carência. Ela mesma sente o chamado para viver entre os pobres e ser pobre como eles. Pede e obtém a permissão da superiora para dedicar-se a esse apostolado. Mas, as pessoas mais próximas dela reparam que a sua vida pessoal não reflete a pobreza daqueles para os quais trabalha. Por exemplo, ela tem muitas coisas disponíveis e durante o verão tira longas e dispendiosas férias; bem mais longas que aquelas das pessoas entre as quais trabalha e vive. Quando fazem qualquer comentário, ela logo responde que são favores da família e de amigos, e que não acarretam peso para a congregação. No seu trabalho, irmã Débora tem o apreço dos que vêm de fora e também dos próprios pobres que a consideram como alguém melhor do que eles. Pode até ser que o seu nome saia em alguma revista e que os leitores fiquem impressionados pelas suas realizações.

As incoerências da vida da irmã Débora mostram que nem tudo é claro e gratuito na sua prática da pobreza.

Subconscientemente, talvez tenha procurado trabalhar com os pobres por motivos que não incluíam a doação livre de si mesma. Quiçá escolheu esse trabalho pela popularidade que goza ou pela atenção e pelo reconhecimento que recebe. O seu dar-se pode ser em grande parte para receber.

Com certeza, irmã Débora não tem consciência das motivações que estão na base de tudo. Acredita ter escolhido e estar fazendo o que é bom, mas não se dá conta de que se trata apenas de um "bem aparente" e não de um "bem real", porque, mais do que buscar a Deus nos pobres, ela está buscando a si mesma.

Esse exemplo diz respeito a alguém que trabalha com os pobres, porém, os exemplos são numerosos e poderiam incluir qualquer outro tipo de trabalho.

Não é minha intenção subestimar a importância do trabalho em favor dos pobres. Pelo contrário, a Igreja continua a estimular-nos a esse respeito, sublinhando a necessidade de termos "sensibilidade pelos pobres". Sabemos que não é um trabalho fácil. Minha intenção é mostrar que, muitas vezes, as motivações inconscientes são diferentes daquelas que são conscientemente apregoadas. Com efeito, quantas vezes se prega um ideal, mas não se o leva à prática. O desafio é buscar coerência e autenticidade na vida.

Procurar entender as próprias motivações

É, portanto, necessário que as pessoas religiosas perscrutem os próprios corações para descobrir suas motivações profundas. Para algumas, o discernimento será mais fácil; para outras, inconscientes, será mais difícil, porque pertencem ao subconsciente. Importa, pois, estarmos abertos à ajuda de outros, especialmente se o orientador (seja diretor, superior, psicoterapeuta ou um membro da comunidade) nos desafiar a fazer uma revisão de nossas intenções.

Se se descobrir que a satisfação é o que motiva nossas ações, então, com a ajuda da oração, procurar-se-á mudar as motivações e não necessariamente o trabalho. Irmã Débora não deve interromper o trabalho com os pobres, mas pode e deve mudar os motivos pelos quais trabalha com eles. Na sua vida pessoal, deverá fazer opções mais conformes à pobreza que professa. Poderá passar de um "bem aparente" para um "bem real".

Submeter à prova as próprias motivações

É oportuno fazer os jovens compreenderem que, com relação à pobreza, uma atitude de disponibilidade e de desprendimento é um um sinal fidedigno da sinceridade das próprias motivações. Se as próprias razões estiverem fundamentadas em Deus e nos valores transcendentes, então a pessoa estará preparada para fazer um trabalho ou outro, a sofrer ou a alegrar-se, a ter muitas coisas ou a ter poucas, a continuar a própria tarefa ou a mudá-la se lhe for pedido.

É bom sinal, por exemplo, ser capaz de deixar uma iniciativa apostólica, sem entrar em crise, sempre que solicitado pelo superior, especialmente se a pessoa a estava fazendo de muito bom grado.

A pessoa pode ficar tão apegada a um trabalho, a uma casa, a uma paróquia, a ponto de recusar uma transferência sempre que lhe seja pedido. Talvez as pessoas que assim agem apregoem ideais de entrega a Deus e de serviço aos irmãos, mas na realidade não os vivem. Essa incoerência deriva da divisão no ser humano,[5] isto é, uma divisão entre o Eu atual e o Eu ideal, entre o que a pessoa diz e o que ela faz. Essa divisão, bem como o conflito que daí se segue, torna-se mais sério por causa da concupiscência inata em nossa vida. É preciso ser realista e honesto para reconhecer isso, ter muita humildade e pedir a ajuda de Deus para criar uma harmonia mais estreita entre o Eu ideal e o Eu atual.

A pessoa que é pobre em espírito cultiva essa atitude de humildade. Diante de Deus somos todos pobres, porque somos as criaturas e ele o Criador. É ele quem dá sentido à nossa vida e nos enriquece com sua glória.

Quando a pobreza é baseada em valores interiorizados e é motivada pelo amor, vive-se na fé essa atitude de disponibilidade e abertura. Uma transferência de um lugar para outro ou a mudança de um apostolado agradável para um que agrada menos ou a renúncia a qualquer bem material, tudo isso pode ser causa de sofrimento. Mas, o desprendimento que de nós se pede faz parte da cruz do dia-a-dia e é um sinal da simples confiança dos pobres de Javé, os *anawin,* que se voltam para ele a fim de receber estabilidade e força.

---

[5] Cf. *Gaudium et spes,* 10.

Pobreza como dom

A pobreza pode ser entendida como dom de liberdade que o Pai nos faz e a nossa resposta de amor ao Pai. Ele nos revestirá com a sua riqueza, a riqueza da graça, da sabedoria e, em muitos casos, também dos bens materiais (cf. Mt 19,27-30).

Não basta considerar a pobreza por um lado negativo, apenas como renúncia, sacrifício, desprendimento.

O lado positivo da pobreza compreende a entrega renovada a Deus de nós mesmos e de todas as nossas potencialidades. A nossa maturidade espiritual, e em certo sentido também psicológica, é medida, em grande parte, pela nossa capacidade de doação a Deus e aos outros.

Por isso, o aspecto positivo desse voto torna-se importante como o é a parte negativa. A pobreza não é apenas "renúncia, mas também produz, preserva, provê, constrói", dizia padre Tiago Alberione, fundador de cinco congregações religiosas.

A história da Igreja mostra a necessidade de uma vida de pobreza sóbria. Algumas ordens religiosas, ao acumularem bens, perderam o espírito da pobreza; os membros viviam em situação de conforto e de bem-estar e não testemunhavam um verdadeiro espírito religioso. A riqueza os tinha levado à decadência. Com o tempo, Deus inspirava alguém para reaver determinado espírito para uma observância mais exemplar. Assim, fazia-se presente novamente o espírito dos tempos de origem, as vocações aumentavam e a vida religiosa reflorescia, sinal do imenso amor de Deus que continuamente renova a sua Igreja.

O trabalho

Há um aspecto da pobreza que hoje vem sendo destacado cada vez mais: o trabalho.

É oportuno falar de trabalho sob o ângulo da pobreza como entrega, porque o trabalho é uma entrega de si mesmo e das próprias capacidades. Por meio do trabalho assemelhamo-nos a Deus, que na criação trabalhou por "seis dias" (cf. Gn 2,1), e imitamos o seu Filho, que deu o exemplo do trabalhador que provê suas necessidades com a labuta comum do dia-a-dia.

Na formação dos jovens, esse item sobre o trabalho é tanto um desafio como um ideal. Os jovens são generosos e têm entusiasmo, aceitam facilmente os trabalhos apostólicos dos nossos institutos. O zelo dos jovens, muitas vezes, traz ares novos para certas atividades. A formação não deve sufocar esse zelo, e sim canalizá-lo, ajudando a conhecer as intenções, encorajando-os a entregar todas as suas forças, físicas e intelectuais, em comunhão com o restante da comunidade.

O que eu chamo "trabalho", obviamente, significa o apostolado específico do instituto. O termo "apostolado" confere à nossa atividade um sentido mais profundo, elevando-o a um plano que se transforma numa participação no trabalho redentor de Cristo.

> Os santos trabalhavam muito. Há pouco tempo li a vida do padre Tito Brandsma, um carmelita holandês, morto no campo de concentração de Dachau. Antes de ser preso com a idade de sessenta anos, ele era reitor magnífico da Universidade de Nimegue. Essa atividade que

dele tanto exigia era uma das muitas que desempenhava, pois, ao mesmo tempo, era professor, jornalista, conferencista, organizador de exposições, arquiteto, enfermeiro, pároco. Quando foi para a prisão por causa de sua defesa dos direitos da Igreja, antes de chegar a Dachau, esteve por alguns meses em várias prisões. Na primeira delas, onde passou muito tempo incomunicável, padre Brandsma continuou sua vida de oração e trabalho. Foi na prisão que escreveu sete capítulos de um livro sobre santa Teresa d'Ávila (que foi publicado mais tarde) e um comentário sobre doze estações da *via sacra*. Em meio a sofrimentos e solidão e em um ambiente muito confinado, padre Brandsma continuava a trabalhar.

Do ponto de vista da psicologia, o trabalho pode ser um canal de criatividade e potencialidade da pessoa; pode ser também motivo de sincera satisfação.[6] Às vezes, o trabalho que nos é pedido pode ser cansativo e difícil. Mas, o quanto possível, procuremos descobrir o seu lado atraente e positivo a fim de sentir-nos realizados ao executá-lo. Esse é um modo equilibrado de nos adaptarmos ao trabalho, um modo que encerra um sentido de plenitude pessoal, um crescimento de auto-estima e que possibilita também um trabalho bemfeito.

---

[6] KAPLAN, Harold; SADOCK, Benjamin; GREBB, Jack. *Synopsis of Psychiatry*. 5. ed. Baltimore, Willians & Wilkins, 1989. p. 45. (Ed. bras.: *Compêndio de psiquiatria*. 7. ed. Porto Alegre, Artes Médicas, 1997.)

Usufruir as coisas criadas

Durante os anos de nossa formação, talvez tenhamos sido exortados a cuidar bem daquilo que nos pertence e daquilo que é da congregação, a não desperdiçar. Tal exortação é válida também para os jovens de hoje, mas há um aspecto que convém ser mencionado: o de cuidar das coisas de modo a não danificar o trabalho das mãos de Deus. Isso se torna imperioso, especialmente em nosso tempo, em que se infligem golpes tão duros à natureza, destruindo-a.

Deus demonstra a sua magnanimidade para com toda sua criação, até mesmo para com as menores de suas criaturas. Ele mantém as galáxias em ordem e faz crescer as flores do campo (cf. Mt 6,26). Podemos aprender com esse exemplo e refletir sobre o que devemos e podemos fazer a respeito disso.

Para tanto se requer o dom da simplicidade. Uma pessoa em paz consigo mesma aceita as coisas e olha ao redor de si com os olhos simples das crianças que se contentam com pouco. De fato, as crianças não têm necessidade de muitos pertences ou de brinquedos sofisticados. Mesmo as coisas simples as deixam felizes.

Isso me faz lembrar um episódio que vivi no verão numa viagem à África. Numa tarde de domingo, junto com duas religiosas, visitei uma cidadezinha. Um grupo de oito ou dez crianças veio ao nosso encontro e quis ficar conosco. Um dos meninos tinha uma bola debaixo do braço; eu peguei a bola, chutei-a para o alto e assim ficamos jogando por alguns minutos; as crianças riam, gritavam e corriam atrás da bola. O que mais me impressionou, porém, foi a bola. Era feita de papel enrolado com pano e amarrada com barbante. Presenciando isso, meus pensamentos voaram para a Europa e para a América do Norte, para os lugares onde vivi, e pensei como são diferentes os brinquedos que os pais ricos compram para os filhos: brinquedos computadorizados, sofisticados, que nunca deixam os filhos satisfeitos. Em um vilarejo da África, as crianças jogam com uma bola feita à mão. E o sorriso e a simplicidade daquelas crianças ainda estão na minha lembrança.

Uma pessoa simples se contenta facilmente. As suas necessidades são poucas e mesmo as coisas pequenas lhe dão prazer. A simplicidade e a pobreza interiores abrem o coração para receber humildemente a Palavra de Deus. Os pobres, mais do que os ricos, sempre foram mais sensíveis diante de Jesus, porque menos apegados ao que impede de senti-lo e de segui-lo.

A pobreza não é só renúncia. É também liberdade e entrega. Os pobres ficarão sem poder temporal e sem fama, mas os seus nomes serão inscritos no céu.

A pobreza, então, é um conselho evangélico que mexe mais profundamente com as nossas vidas do que pensamos; ela tem que ver com os vários ângulos da nossa personalidade: com o ângulo psicológico, intelectual, afetivo, espiritual, moral. A pobreza não é algo que vamos apregoar de vez em quando, quem sabe, como defesa dos direitos dos pobres. A pobreza, como valor moral e religioso, leva-nos a entregar-nos a uma Pessoa, a Jesus Cristo e, por meio dele, às nossas irmãs e aos nossos irmãos necessitados.

Obediência

Os três votos de pobreza, castidade e obediência estão estreitamente interligados. Gosto de pensar assim a respeito deles: a pobreza não é apenas uma renúncia, mas consiste numa atitude de dependência, de despojamento e de confiança. Ser pobre e dependente significa confiar totalmente em Deus, procurar fazer sua vontade e fazer o voto de obedecer-lhe. Quando se é pobre e dependente, põe-se toda a confiança no Senhor que se torna o Tudo, o Absoluto: a ele se faz o voto de viver o celibato consagrado.

A obediência e os jovens

Os jovens aproveitam o seu novo estado de independência e de liberdade. Quando eram crianças dependiam dos pais ou dos adultos para as suas necessidades. Crescendo e chegando à idade adulta, descobrem um novo modo de ser e de agir que podem ter sob o seu controle direto. É uma descoberta excitante, que também pode ser acompanhada de fortes reações. Todos conhecemos as histórias dos pais que dizem: "Ah, meu filho ou minha filha, quando criança você era tão obediente, e agora, adolescente, faz só aquilo que quer". Trata-se de uma fase normal da adolescência, e é um período em que o jovem procura o equilíbrio entre dependência e independência. Depois, como adultas, as mesmas pessoas passam a usufruir a autonomia e a independência pessoal, a capacidade de tomar decisões e de serem senhoras de si mesmas.

É interessante observar como, na vida de tantos santos, a luta inicial para o seguimento de Cristo foi acompanhada exatamente por um ato de independência que, em determinados casos, assumiu as proporções de uma revolta, pelo menos do ponto de vista dos adultos.

No caso de são Francisco de Assis, a "revolta" consiste em cortar as ligações com o pai, preferindo ser repudiado por ele. Para santa Clara, a história é semelhante; lutou contra a objeção paterna e teve de fazer uma escolha que envolveu a reação de fugir de casa. Também santo Estanislau Kostka teve de posicionar-se contra o desejo do pai e viu-se obrigado a andar a pé de Viena a Roma para entrar no noviciado dos jesuítas.

Esses exemplos mostram o quanto é importante o dom da independência e da liberdade para o ser humano. O voto de obediência requer certa moderação da independência. Os três santos mencionados, depois de um ato de radicalismo, sujeitaram-se à obediência de maneira muito séria.

Perder a independência constitui um dos medos mais fortes da pessoa humana. Todos temos receio de nos tornarmos dependentes, vulneráveis e não senhores de nossa própria vida.

Há dois anos, aproximadamente, uma irmã brasileira, de trinta e dois anos de idade, sofreu um acidente automobilístico muito grave que lesou sua coluna. Era uma bela mulher, com muitos talentos. O futuro lhe sorria e a sua comunidade depositara nela muitas esperanças. Contudo, ela ficou paralítica. Todos os seus sonhos se despedaçaram. Alguns meses depois, em uma carta escrita para uma co-irmã em Roma, dizia que o ponto mais duro da sua situação era o de ter perdido sua liberdade e sua privacidade e ter se tornado totalmente dependente das outras irmãs.

Aos jovens, porém, devemos explicar que a obediência não nos torna impotentes como pode acontecer com um acidente de carro. Além disso, a obediência religiosa não significa uma pessoa tornar-se serva de outra. Diz-se, contudo, que a obediência exige que realmente renunciemos à nossa vontade, aceitemos outra pessoa ou um instituto como instrumentos ou mediações pelos quais Deus pode fazer-nos conhecer a sua vontade. É uma opção que fazemos livremente, em vista de valores mais altos. Cristo mesmo viveu essa condição, sujeitando-se aos seus pais humanos.

Com relação à obediência, esse medo de perder a própria autonomia, de observar regras e obedecer a pessoas, pode ser resolvido apenas no âmbito da fé, encarando-o na perspectiva dos valores religiosos. Em outras palavras, a obediência evangélica tem sentido apenas quando é imitação de Cristo e é vivida nele, para o Pai.

Obediência e fé

Cristo é o modelo da pessoa obediente. A obediência era tão central para ele durante a sua vida terrena que constituía o seu verdadeiro "alimento" (cf. Jo 4,34). Essa obediência consistia na escolha consciente, deliberada, querida da vontade de Deus, "porque o Pai tinha um plano para ele".[7] A nossa obediência, como a de Cristo, deve ser abraçada consciente, deliberada e prontamente. É buscar e cumprir a vontade de Deus na nossa vida, porque ele também tem um plano para cada um de nós.

O voto de obediência une os religiosos a Deus de modo singular, por meio dele oferecem a sua vontade a Deus, procurando viver o Evangelho de maneira radical.

A obediência significa escolher o projeto de Deus para o indivíduo, realizando-o numa atitude de fé e de disponibilidade e também de responsabilidade.

Santo Inácio de Loyola escreveu aos seus co-irmãos da Companhia que desejava vê-los se destacar na virtude da obediência mais do que em todas as outras. Na mesma carta encorajou-os a viver esse voto com fé. Eis as suas palavras:

> Se olharem não para o homem com os olhos corporais, mas para Deus com os olhos interiores, não terão dificuldade em conformar a vontade e o modo de pensar de vocês à regra que escolheram para o seu agir.[8]

---

[7] AZEVEDO, M. *Religiosos, vocação e missão:* um enfoque exigente. Rio de Janeiro, CRB, 1977.

[8] INÁCIO DE LOYOLA, *Lettera sull'Obbedienza.*

Obediência e liberdade

A obediência não priva a pessoa da liberdade; mas antes, exige uma liberdade mais profunda por parte da pessoa que obedece, porque para ser meritória a obediência deve ser voluntária. Obedecer por uma opção livre não coincide com o desejo de agradar à pessoa a quem se obedece. Pode acontecer que se esteja obedecendo voluntariamente, mas, na realidade, se esteja muito ligado a motivações subconscientes ou a obstáculos que aprisionam ao invés de libertar.

O documento sobre a formação, publicado no início de 1990, sugere que "os jovens devem encontrar a verdadeira liberdade para pessoalmente poderem passar 'daquilo que lhes apraz' 'àquilo que agrada ao Pai'" (15).[9] E é só na liberdade que essa escolha pode ser feita.

Mas, para fazer escolhas livres, é preciso um coração livre. Precisamos ajudar os jovens a libertar-se daquilo que os impede de viver os valores com generosidade e amor. Isso acontece, em grande parte, graças a uma oração sincera e enquanto se procura estar aberto à ação do Espírito Santo na própria vida.

Para viver os valores, é preciso que eles se tornem importantes, sejam desejados, interiorizados. A interiorização dos valores não se dá simplesmente com uma leitura ou ouvindo uma palestra. Por certo, tudo isso pode ajudar, mas para interiorizar é preciso remover os

---

[9] CONGREGAÇÃO PARA OS INSTITUTOS DE VIDA CONSAGRADA E AS SOCIEDADES DE VIDA APOSTÓLICA. *Orientações sobre a formação nos institutos religiosos.*

obstáculos e preparar a pessoa para tornar-se interiormente disponível. Esse trabalho requer um conhecimento de si e uma aceitação de si, tanto dos pontos positivos como dos negativos; requer ainda o desejo de viver os ideais professados, ainda que isso seja trabalhoso e cause certa tensão. Essa tensão, que a pessoa experimenta quando se sente atraída para o transcendente e para os valores mais nobres, é salutar.

Todo esse processo de trabalho pessoal na formação é bem semelhante à preparação da terra para a semeadura. Primeiro se remove o inço, passa-se o arado, e só depois se lança a semente. A formação consiste em preparar o campo e jogar a semente. É um trabalho lento que requer muita paciência e muita confiança em Deus, porque é só ele que faz crescer.

Obediência e necessidades humanas

Falando da pobreza, vimos que entre as necessidades psicológicas encontramos a da consecução das coisas. Agora, refletindo sobre a obediência do ponto de vista dessas necessidades psicológicas, descobrimos que algumas delas influem notoriamente na prática desse conselho evangélico.[10] Desse modo, tais necessidades ou tendências tornam a prática da obediência mais fácil. Já outras a tornam mais difícil. Comecemos por considerar duas dessas forças, que disputam entre si: a autonomia e a dominação.

---

[10] Cf. RULLA, *Antropologia...*, cit., pp. 375-376.

Autonomia e dominação

Todos nós, como vimos, queremos ser autônomos e independentes. Essa tomada de atitude começa muito cedo no desenvolvimento humano. Uma psicanalista, Margaret Mahler, que estudou o desenvolvimento da criança, catalogou fatos bem interessantes. Ela e suas colegas de profissão observaram que a criança, por volta dos sete ou oito meses, começa a adquirir a capacidade motora para levantar-se, engatinhar e depois andar. A criança ainda tem a necessidade da proteção e do amparo da mãe, mas pouco a pouco ela se separa da mãe a ponto de já não querer depender dela. Nas primeiras fases do crescimento, a criança era total e simbioticamente dependente da mãe, mas agora tem prazer em explorar o seu mundo, brincar sozinha com seus brinquedos e, se é colocada no colo, quer descer e andar. Algumas vezes ela também se recusa a comer. Estes são os primeiros sinais da autonomia humana. Depois, na adolescência, e mais tarde ainda, na idade adulta, a autonomia e a independência aumentam e tornam-se cada vez mais impositivas. Essa força da autonomia será vista ao longo de toda a nossa vida.

Passemos agora para a outra necessidade, ou seja, para a tendência de querer dominar. Em seu lado dinâmico ela significa que a pessoa deseja ser a mandante do seu meio, influenciar ou dirigir os outros, mandar, persuadir, sugerir, restringir. Em seu aspecto passivo, significa que não se quer ser controlado, influenciado, nem persuadido pelos outros.

Tendências compatíveis com a obediência

Deve-se esclarecer que a tendência a ser autônomo nem sempre é negativa com relação ao voto de obediência. Pode ser também compatível com esse voto e, na realidade, tornar-se uma grande fonte de energia interior. Quem é autônomo tem a necessidade de agir e, portanto, de superar a passividade e de revoltar-se contra a mediocridade. Essa pessoa pode ser bastante corajosa quanto à vivência dos seus valores e quanto às suas convicções, ainda que nem todos os de seu convívio a apóiem. Uma das pessoas mais autônomas no início da Igreja é precisamente Paulo, que soube canalizar a sua força interior de autonomia em uma vida sem meias medidas, vida em que ele agiu com liberdade e energia por amor a Cristo.

Outra tendência que é compatível com a obediência é o êxito ou o sucesso, isto é, o desejo de vencer em algo que é difícil, de remover obstáculos e de fazer bom uso dos próprios talentos.

Ainda outra necessidade psicológica pode servir de ajuda. É a reação, isto é, a capacidade de recuperação que nos faz passar por cima dos nossos fracassos, a tenacidade ao enfrentar as dificuldades, de não desistir diante de situações ou tarefas difíceis.

Todas essas atitudes têm um objetivo positivo se e quando tomadas em vista dos valores e, no nosso caso, em vista do voto de obediência.

Tendências incompatíveis com a obediência

Voltando um pouco para a tendência da dominação, tomamos consciência de que essa pode exercer uma influência negativa sobre a obediência. A pessoa controladora quer manipular as outras pessoas e, ao mesmo tempo, não quer deixar-se controlar. Se, por exemplo, os superiores lhe fizerem qualquer proposta, ela reage de modo defensivo, porque recebe as sugestões como um cerceamento de sua liberdade.

Outra tendência que pode causar dificuldade na obediência é a agressividade com que a pessoa reage aos obstáculos, ameaçando, menosprezando ou ridicularizando os outros. Demonstra facilmente um espírito de contradição e de raiva.

A tendência ou a atitude de não ficar em situação de inferioridade e de defender-se é outro aspecto incompatível com o valor que tem a pessoa obediente. Uma pessoa assim evita todas as situações que poderiam fazê-la sentir-se vulnerável. Nunca admite defeitos ou limitações e se justifica sempre. Ela aparentemente pode até se conformar, mas essa conformidade é passiva e utilizada apenas para defender-se, para não fracassar e não se comprometer a fundo com o que faz ou diz.

Devemos deixar claro que todos nós, feitos do mesmo "pó", mais cedo ou mais tarde, deparamo-nos com esses conflitos. Às vezes a dominação nos pesa e reagimos com agressividade ou então queremos defender-nos de situações dominantes e procuramos superá-las com tenacidade. Há momentos em que a obediência tem um preço muito alto, em que gostaríamos de afastá-la para bem longe. Na verdade, essas lutas interiores fazem parte do nosso dia-a-dia e vão estar presentes por toda a vida.

Talvez preferíssemos não perceber mais a "mobilização" dessas necessidades psicológicas e das nossas emoções, especialmente as mais negativas ou mais problemáticas.

Até mesmo os jovens mais idealistas acreditam em coisas assim, como se com o passar do tempo não devêssemos mais ter nem experimentar sentimentos negativos. Isso, contudo, não vai acontecer. É preciso convencer-se e ajudar os jovens a compreender que sempre vamos sentir essas tendências; passaremos por momentos de forte emoção, quer de raiva, amor, tristeza, medo e felicidade: todos esses sentimentos não são reprimidos, mas são integrados aos nossos valores e à nossa opção de vida. E é essa integração que nos torna coerentes e maduros.

O conhecimento de si mesmo

Vamos dizer uma palavra apenas sobre o autoconhecimento. Deus nos julgará de acordo com as nossas motivações conscientes, de acordo com o que fazemos para ele com plena consciência. No entanto, isso não exclui a necessidade de compreender-nos melhor e de descobrir também as forças que permanecem ocultas à nossa consciência. Refiro-me às motivações pré-conscientes e também inconscientes. Evidentemente devemos, antes, empregar os meios normais para um autoconhecimento; entre esses meios estão o exame de consciência, a direção espiritual, a leitura espiritual e também o estudo; há pessoas que poderão ajudar-nos nessa tarefa: o diretor espiritual, um superior, um amigo, um orientador, um psicoterapeuta (este último se falarmos de um trabalho a nível mais aprofundado como o da psicologia profunda, e melhor ainda se em sintonia com os valores cristãos).

Ligado ao processo do autoconhecimento encontramos outro medo em nós seres humanos, o medo de olhar para dentro de nós, de encararmos sozinhos o nosso Eu. O medo compreende mais especificamente a descoberta do que é negativo em nós, da nossa vulnerabilidade e da nossa fraqueza. Muitas vezes esquecemos que o autoconhecimento não deve considerar apenas o que é negativo, mas também o que é positivo em nós, as potencialidades e as forças interiores que são latentes, mas que esperam ser acionadas.

O autoconhecimento e a análise do próprio Eu não devem ser procedimentos mórbidos, mas são acompanhados por atos de agradecimento ao Senhor pela sua obra em nossa vida.

Obediência e outros obstáculos

Agir por complacência[11]

As pessoas agem em conseqüência de vários impulsos. Com relação à obediência, alguns agem movidos por uma convicção profunda, de tal modo que aquilo

---

[11] Cf. idem, ibidem.

que fazem é meritório e tem um valor intrínseco. Outros agem impelidos pelo desejo de assemelhar-se a uma imagem que tenha significado. Outros ainda, agem por um desejo de poder satisfazer ou de não serem repreendidos.

Complacência significa aceitar uma opinião ou agir de acordo com o que foi ordenado ou com o que foi sugerido, apenas para receber uma recompensa ou para não ser castigado.

Pessoas de todas as idades podem ser tentadas a deixar-se levar pela complacência. A fase da juventude, entretanto, é particularmente marcada por ela e pelo conformismo, por um lado, e pela revolta, por outro. Os jovens sentem a pressão do grupo a que pertencem, e por isso agem de acordo com o grupo quanto à maneira de vestir-se e de agir. Porém, ao mesmo tempo que são complacentes com os amigos, agem de modo diferente com os adultos, manifestando por vezes seu desacordo e desconfiança.

O motivo desse comportamento é que os jovens ainda estão consolidando os seus valores, as suas convicções e a sua própria identidade. Podemos dizer que os jovens vivem entre duas fases: a da dependência e a da independência.[12] O objetivo que pretendem atingir, mesmo sem se dar conta disso, é a fase da interdependência em que existe a mutualidade, o doar-se aos outros e a capacidade de receber dos outros.

---

[12] Cf. HARVEY, O. et alii. *Conceptual Systems and Personality Organization*. New York, John Wiley & Sons, 1961.

Essa fase de interdependência é o ponto em que deveriam encontrar-se as pessoas maduras que professaram o voto de obediência. Isso inclui a autonomia pessoal, mas também certa dependência. Esses dois pólos, porém, devem estar bem interligados. Em outras palavras: haverá tempo hábil para a prática de escolhas livres, para comunicar as próprias opiniões, mas ao mesmo tempo é preciso ser capaz de ouvir os outros, de aceitar as suas opiniões e até mesmo ser capaz de entregar-se a uma obediência que encerra dificuldades. Nesse estágio de interdependência chega-se ao consenso por meio do diálogo e não pela compreensão ou pela complacência.

Vamos apresentar um exemplo desses estágios da maneira como se observam na comunidade e que podem facilmente ser adaptados ao mundo juvenil.

Numa reunião da comunidade discute-se sobre o horário das Vésperas. A superiora sugeriu rezá-las às 17h30 e não às 19h. Irmã Ana disse imediatamente que não estava de acordo, porque assim não poderia ouvir o seu programa de rádio preferido. E para ela não há mais diálogo. A questão está encerrada (ela se encontra na fase da independência).

Irmã Clara, por sua vez, diz que para ela qualquer horário está bom. O que a superiora decidir ela acata, cem por cento. Não tem objeções. Entretanto, dentro de si, ela sente um tipo de revolta, porque às 17h30, o novo horário das Vésperas, ela e um grupo de outras irmãs mal estarão chegando em casa da escola e não terão tempo de ir à capela. Entretanto, irmã Clara não declara isso. Fica calada e se acomoda para não manifestar uma opinião diferente e perder a proteção da superiora (o estágio da dependência).

Em seguida, tem a palavra irmã Francisca. Ela fala sobre os prós e os contras do novo horário. Apresenta as suas razões com clareza e polidez. Falando com calma, ouvindo e aceitando o parecer da superiora e das outras irmãs, chega-se, finalmente, a um acordo. As Vésperas serão rezadas às 18h (o estágio da interdependência).

As pessoas complacentes têm medo de se sentirem diferentes das outras, de não serem aceitas e de serem criticadas. Mudam facilmente de opinião, dependendo de quem estiver de seu lado, e nunca se pode prever que posição vão tomar. Essas pessoas habitualmente têm baixa auto-estima e a necessidade de identificar-se com os mais fortes e os mais populares. Às vezes torna-se mais importante para elas manter uma boa imagem a respeito de si mesmas do que viver de acordo com os valores.

A complacência leva a obedecer apenas em palavras, merecendo a admoestação de Jesus que disse: "Esse povo me honra com os lábios, mas o coração deles está longe de mim" (Mt 15,8). O coração deles não se volta para Deus, mas para eles mesmos.

Na realidade, é necessário pensar e agir em vista das próprias convicções e dos valores transcendentais. A pessoa obedece porque acredita no valor da virtude da obediência, convencida de que esse ato é escolhido em liberdade de coração por amor a Deus, na imitação de Cristo. Essa é a verdadeira interiorização, isto é, viver por inteiro o Cristo, os seus valores e os seus exemplos, como diz são Paulo (cf. Gl 2,20).

Reviver relacionamentos do passado

Há outro fenômeno que pode ter implicações na nossa prática da obediência. Na psicologia esse fenômeno chama-se transferência[13] e significa que alguém, em relação a uma pessoa, sente ou age no presente, como sentiu ou agiu em relação a uma pessoa importante, no passado, especialmente na infância. Nós adultos destinamos a alguém, no presente, a mesma energia afetiva (negativa ou positiva) que sentíamos pelo nosso pai, nossa mãe, os avós, a professora, os amigos...

Isso acontece porque o nosso subconsciente funciona em termos de símbolos. Para algumas pessoas, por exemplo, a palavra "autoridade" traz consigo a imagem da maternidade, do cuidado, do apoio, do calor humano, porque na experiência dessas pessoas a autoridade era vivida assim. Já para outras pessoas, a mesma palavra traz consigo a imagem do controle, da dominação, da frieza, da coerção. Esses símbolos derivam do modo pelo qual o indivíduo experienciou a autoridade. Muitas vezes, porém, haverá a combinação dos dois tipos de imagem: o mais positivo e o mais negativo.

As relações com os superiores podem conter elementos de transferência, porque algumas delas vividas em família podem repetir-se na vida adulta, até mesmo numa comunidade religiosa. Uma exortação por parte de uma superiora, por exemplo, pode fazer lembrar uma

---

[13] Cf. WEINER, Irving, B. *Principles of Psychotherapy*. New York, John Wiley & Sons, 1975.

correção materna, assim como o elogio pode trazer novamente à mente o afeto familiar. Às vezes, as nossas reações em tais situações podem ser parecidas àquelas que tínhamos quando pequenos, ou seja, podem ser reações infantis. No entanto, a pessoa deve procurar se dar conta das próprias emoções e das próprias lembranças afetivas, para então poder agir como pessoa adulta, escolhendo o modo de agir mais adequado para o momento.

Obediência e discernimento

O discernimento é um processo da autêntica obediência. Requer o diálogo, a responsabilidade e a oração. Por meio desse processo pode-se descobrir a vontade de Deus e, portanto, segui-la com todo o coração.

O discernimento realiza-se na humildade diante de Deus, ponderando a situação sob seus vários ângulos, numa disponibilidade para aceitar o que o Senhor realmente quer, ainda que isso custe sacrifícios.

É preciso repelir a tentação de usar o discernimento como desculpa para fazer a própria vontade em vez de seguir a vontade de Deus. Isso seria sinal de imaturidade.

A verdadeira obediência exige responsabilidade e a decisão de empregar todas as próprias forças para aceitar e realizar a vontade de Deus; desse modo ela nos pode conduzir a uma comunhão com ele e com todos os irmãos. A verdadeira obediência evangélica transforma-se em virtude que nos interpela, nos desafia e nos liberta para uma docilidade mais profunda diante do Pai.

Obediência e cruz

Os religiosos dão testemunho de um mundo de fé e de amor, porque eles mesmos procuram estar imbuídos dessas virtudes, que são o alicerce da obediência. A obediência religiosa não pode ser praticada apenas em termos humanos, só porque é mais funcional e possibilita que o instituto prossiga sem problemas! Não, a obediência religiosa está baseada em um plano sobrenatural. Ninguém deseja recusar a maravilhosa comodidade de administrar a própria vida de modo autônomo; se a pessoa o fizer, será por um motivo mais elevado, por um amor mais intenso.

Por isso, não podemos convidar os jovens para a vida religiosa dizendo que a obediência não é difícil; que hoje as coisas estão mudadas. A obediência não é fácil, porque as nossas inclinações para preservarmos a autonomia e a dominação passiva continuam a exercer uma grande pressão em nós e tornam árdua a prática dessa virtude. Alguns autores gostariam de convencer-nos de que os superiores não existem mais. Esses autores afirmam que atualmente os superiores são apenas administradores que ratificam as escolhas pessoais de cada um. É verdade que às vezes a obediência do passado foi entendida e vivida como sujeição e submissão de um subordinado perante um superior. Não devemos voltar àquele modelo. Entretanto, não devemos passar para o outro extremo: não ter mais necessidade de superiores.

Jesus viveu uma obediência radical que o fez sofrer. O autor da carta aos Hebreus diz que aprendeu a obediência por meio de seus sofrimentos (cf. 5,7). Jesus não achou fácil a sua obediência, mas, no entanto, ele a viveu com plena consciência e entrega total.

Para nós a obediência se tornará mais fácil se mitigada pelo amor. A união simbólica entre o amor e a cruz é um paradoxo para nós, mas sabemos que o sacrifício, se suportado com amor, torna-se modelo de entrega de si mesmo e valiosa oferta a Deus. "A obediência religiosa é uma verdadeira participação na cruz de Cristo, para que por meio dela se consiga entrar na sua glória".[14]

Vamos concluir com um pensamento voltado para Maria, a mulher obediente. Para ela a obediência tornou-se um compromisso de vida, sintetizado na palavra *Fiat!*. "Faça-se" — era a sua resposta de aceitação e de amor, concretizada na fidelidade cotidiana. Unidos a ela também nós podemos proclamar todos os dias: "Faça-se em mim segundo a tua palavra..." (Lc 1,38).

---

[14] RIDICK, J. *Os votos*. Um tesouro em vasos de argila. São Paulo, Paulinas, 1985.

4. FORMAÇÃO PARA A MATURIDADE AFETIVA E PARA A CASTIDADE

M. Nikic

Introdução

O tema de que trataremos ressalta a importância da formação integral para a maturidade afetiva e para a castidade. Esse tema é bem atual e diz respeito a qualquer pessoa que deseja crescer em sua personalidade e na sua vocação.

A Igreja, consciente da verdade de que a graça se constrói a partir da *natureza* (*gratia perficit naturam*), em numerosos documentos convida os seus fiéis a se empenharem para atingir a maturidade de vida cristã, à qual são Paulo exortava os efésios a fim de que buscassem a dimensão do "homem perfeito que, na maturidade do seu desenvolvimento, é a plenitude de Cristo" (Ef 4,13).

Assim, a pessoa de Jesus Cristo torna-se o único ideal a ser seguido. Ele é o Filho de Deus, o único salvador do homem em quem devemos crer para poder ser salvos, mas ele é também o homem perfeito em quem devemos fixar o nosso olhar para poder compreender o que significa uma pessoa plenamente madura, desenvolvida e livre.[1]

Nos documentos da Igreja, a maturidade humana é entendida como plenitude consciente de todas as próprias capacidades físicas, psíquicas e espirituais, bem coesas e integradas entre si.

Perguntamo-nos, então, quais são as principais dificuldades que se encontram hoje, ou seja, os problemas e as dificuldades que se apresentam como obstáculo para os jovens escolherem a vocação sacerdotal ou religiosa. Depois de ter identificado as principais dificuldades, procuraremos apontar algumas sugestões concretas a fim de superar os obstáculos mencionados e ajudar os jovens a se conhecer melhor e a decidir-se por valores que poderão transformar a sua vida e torná-la cristãmente feliz e frutuosa. Vejamos, porém, em primeiro lugar, o significado dos principais conceitos dessa abordagem.

Explicação dos conceitos

Formação

O conceito de formação pode ser definido como a união das habilidades e dos conhecimentos fundamentais ao longo do desenvolvimento. Trata-se da união e da integração de todas as potencialidades da pessoa para se chegar a um crescimento humano e vocacional.

---

[1] O Concílio Vaticano II, na *Gaudium et spes*, 22, diz que Jesus é o homem perfeito: "Trabalhou com mãos humanas, pensou e agiu como qualquer ser humano, amando com um coração humano".

Segundo a *Gaudium et spes* (GS), 17, a finalidade da formação é conduzir a pessoa para que aja de acordo com escolhas conscientes e livres, quer dizer, que seja movida e motivada por convicções pessoais e não por um impulso instintivo ou por mera coação externa.

Maturidade

Esse conceito pode ser definido como estado de completa e estável diferenciação e integração somática (biológica), psíquica e mental. Trata-se de uma atitude de realizar as tarefas atribuídas a cada indivíduo e de encarar as exigências da vida.

O conceito de maturidade está relacionado a cada pessoa e às suas capacidades individuais no seu próprio meio sociocultural.

Na realidade, a maturidade da pessoa é considerada como o resultado de uma longa caminhada de crescimento e de integração de todas as potencialidades da pessoa.

Maturidade afetiva

A maturidade afetiva é, antes de mais nada, a condição do indivíduo que superou a dependência infantil de segurança em relação à figura dos pais, bem como a sensação prazerosa de pertencer ao grupo (familiar, escolar etc.), e que por isso é capaz de investir as energias afetivas na realidade, aceitando a sua própria solidão e estabelecendo relações sociais em um plano de igualdade afetiva.[2]

A pessoa madura não reprime as suas emoções e não as exprime impulsivamente, isto é, sem controle, mas ela as integra de modo maduro.

A maturidade afetiva é o motor do desenvolvimento psíquico e do comportamento da pessoa. A alteração do desenvolvimento afetivo causa os distúrbios psíquicos do homem.

A maturidade afetiva ajuda a razão e a vontade a mover todo o próprio ser a realizar as metas do indivíduo, que se encontram bem além do egoísmo, consciente ou inconsciente.

Castidade

A castidade é a expressão de um serviço integral ao Senhor e aos demais. Conforme o documento do Concílio Vaticano II (*Perfectae caritatis* [PC], 12):

> A castidade "por causa do reino dos céus" (Mt 19,12), professada pelos religiosos, é uma graça insigne. Liberta, de modo todo especial, o coração humano (cf. 1Cor 7,32-35) e torna mais fácil amar a Deus e aos outros, com maior intensidade. Constitui, por isso, sinal eminente dos bens celestiais e precioso meio de que lançam mão os religiosos para se dedicar ao serviço divino e às obras do apostolado.

---

[2] Filippi, L. S. *Maturità humana e celibato*. Problemi di psicologia dinamica e clínica. Brescia, La Scuola, 1973. p. 35.

Importância e papel das emoções

Para entender melhor o que é a maturidade afetiva, é preciso, primeiramente, entender o que é o ser humano. Segundo a concepção filosófica, o homem é um ser racional, finito por natureza, mas que tende para o infinito. De acordo com a visão teológica fundamentada na revelação, o ser humano é a criatura de Deus, caída no pecado, redimida por Cristo e chamada a entrar na vida divina mediante a fé, a esperança e o amor, ou seja, pela sua correspondência à graça do Espírito Santo.

A fim de que essa resposta humana seja adequada, o próprio homem deve ser livre. Ao amor infinito de Deus, a pessoa deve responder com o seu amor generoso; a força desse amor está na liberdade. Eis por que são Paulo diz: "Vocês, irmãos, são chamados à liberdade". Nesse contexto da liberdade do homem podemos e queremos colocar o nosso tema, isto é, a maturidade afetiva. Na verdade, o que mais serve de obstáculo à liberdade da pessoa, e, conseqüentemente, também à sua correspondência à graça de Deus, é exatamente a imaturidade afetiva.

O que significa *imaturidade afetiva?* Em palavras muito simples, significa ser adulto, mas comportar-se e agir como criança. A pessoa afetivamente madura é a que sabe mesclar a sua afetividade, as suas emoções com a razão, de modo que esta indique a luz, mostre a estrada a percorrer; as emoções dão a força para agir, isto é, impelem a pessoa a andar pelo caminho indicado pelo intelecto. Só assim, ou seja, integrando essas duas forças, a pessoa poderá viver os seus ideais na vida cotidiana.

A definição de emoção

Para poder ajudar uma pessoa que se propõe a atingir sua maturidade afetiva, é importante conhecer a natureza das forças afetivas, observar e compreender onde está a força das emoções.

Perguntamo-nos, então, de que modo as emoções influem na decisão e no comportamento da pessoa.

Os fatores emotivos podem influenciar a experiência, a percepção, o julgamento, a decisão, ou seja, toda a vida da pessoa. Na realidade, como diz Lonergan:[3] "As emoções dão à consciência intencional a sua consistência, a sua importância, a sua força. Sem tais emoções, o nosso conhecimento e a nossa decisão seriam tênues como papel".

Magda Arnold define a emoção como "a inclinação muito ardente por alguma coisa avaliada como boa, e o afastamento de alguma coisa avaliada como má".[4] A emoção implica sempre a referência a um objeto que é observado e avaliado como atraente ou repugnante. É preciso, portanto, que haja uma relação entre o sujeito e o objeto e que esse, além de ser percebido, seja estimado e apreciado como algo que atinge a afetividade do sujeito aqui e agora. Trata-se de uma avaliação intuitiva, imediata, direta. Na emoção o indivíduo sente um im-

---

[3] LONERGAN, B. *Method in Theology.* New York, Herder & Herder, 1973. pp. 30-31.

[4] ARNOLD, M. B. *Emotion and personality.* New York, Columbia University Press, 1960. p. 176.

pulso claro para agir no sentido de uma aproximação ou de um afastamento, e isso a emoção realiza independentemente do julgamento que a razão faz a respeito. A atração ou a aversão pelo objeto vem acompanhada por uma série de mudanças fisiológicas (por exemplo, suor, variação no ritmo dos batimentos cardíacos etc.) que se verificam na hora da aproximação ou do distanciamento.

A avaliação intuitiva e reflexiva

A *avaliação intuitiva* se dá imediatamente e antes de qualquer reflexão. O indivíduo percebe o objeto como bom ou mau, atraente ou repulsivo, em si, aqui e agora, de modo que suscite diretamente uma emoção. É atração ou repulsa sem raciocínio intelectual. Essa avaliação intuitiva faz parte de um *querer emotivo*, que se inclina para o que é importante para mim, aqui e agora. Essa avaliação intuitiva é automaticamente seguida pelo impulso da emoção na direção do objeto ou para longe dele.

Entre a avaliação intuitiva e a percepção, a *memória afetiva* desempenha um papel muito importante. Ela ficou no íntimo da pessoa em sua vida relativa ao passado. Pode-se chamá-la a "matriz de toda experiência e ação". Toda experiência, uma vez vivida, deixa na nossa psique uma impressão afetiva que muitas vezes é inconsciente. Assim, permanece em nós a emoção por ela estimulada, que mais facilmente pode ser experimentada de novo. De fato, toda emoção facilita o experimentar e o expressar daquela emoção e em seguida resulta em uma *atitude emotiva*, ou seja, em uma disposição emotiva habitual.

Assim, por exemplo, uma pessoa que já foi mordida por um cão, provavelmente terá medo de qualquer cão, e mais, por vezes ainda terá medo também de outros animais que se pareçam com o cão, porque a sua memória afetiva tornará presente esse medo uma vez experimentado, mas não esquecido.

A *avaliação reflexiva* acontece depois da avaliação intuitiva. Esta tem reflexo sobre os dados sensoriais e deles tira generalizações. A avaliação racional é consciente e o seu objeto é todo o processo do juízo sensorial visto à luz de um juízo de valor. No julgamento reflexivo faz-se abstração do aqui e agora por meio de um juízo de valor e assim se tem o *querer racional*. Portanto, há no homem um *desejo racional* que se agrega ao *desejo emocional*. A avaliação reflexiva pode despertar uma emoção e por meio desta levar a pessoa à ação. O homem, contudo, também pode dar início à ação sem a emoção, porque ele é capaz de conceber de modo abstrato o que é importante. Assim como a avaliação intuitiva leva a uma atitude emotiva, também a avaliação reflexiva pode levar a uma *atitude intelectual,* que é uma avaliação reflexiva, intelectual, feita de modo habitual. Tais atitudes intelectuais provêm da convicção, de uma avaliação reflexiva e não necessariamente da emoção. Nas atitudes intelectuais o papel decisivo é desempenhado pela avaliação que transcende os limites do ser humano, "tocado" aqui e agora por determinado estímulo, e se refere a algo que pode ser "importante em si mesmo". Só mesmo a avaliação reflexiva, que vem acompanhada da avaliação intuitiva, produz as emoções realmente humanas. A pessoa faz uma avaliação

reflexiva de que isso também pode significar dificuldade, embaraço e avalia como certo o seu impulso na direção dela.

A *maturidade afetiva* inclui em si uma integração
genuína entre a avaliação intuitiva e a racional, de tal
sorte que a pessoa tome a decisão e aja só depois de ter
feito a avaliação reflexiva.

Indagamo-nos, então, como ajudar os jovens entre vinte e trinta anos de idade a fazer essa integração
madura entre as forças afetivas e as forças da razão. Parece-me muito importante fazer com que as pessoas
conheçam o que se passa no processo por detrás de cada
decisão e de cada ação nossa.

Cada ato final se inicia com a nossa experiência
pessoal, isto é, com o nosso primeiro contato com a
realidade. Após essa experiência, segue-se o ato de conhecimento, em seguida o ato de decisão e por fim o
nosso agir (ação). Nessas quatro operações o nosso
mundo subconsciente desempenha um papel muito
importante. Ele contém tudo o que é reprimido: emoções, medos, necessidades, desejos não-aceitáveis, as
feridas de tempos passados, a nossa afetividade e espontaneidade. Uma pessoa afetivamente imatura será
mais facilmente atingida pelas forças emotivas e subconscientes.

Vejamos isso com um exemplo concreto.

Uma moça de vinte e três anos de idade, de família muito
rica, burguesa, muito conhecida pela sua bondade, a
melhor na família, sempre compreensiva para com os
pais — muito severos e exigentes na educação —,

um dia causou-lhes uma surpresa desagradável: depois de ter se saído mal na última prova na universidade, fugiu com um homem.

O que aconteceu nesse caso? Essa moça desde criança compreendera (intuíra) que podia merecer o afeto e a aceitação de seus pais apenas se correspondesse bem às expectativas deles, isto é, se fizesse o que eles queriam. Infelizmente os pais não sabiam respeitar a liberdade da filha, mas antes, projetaram nela as próprias ambições e constrangeram-na a realizar os desejos que eles tinham. Tendo uma grande necessidade de afeto e de aceitação, a moça, sem se dar conta, caiu na armadilha dos pais, e para merecer o amor por parte deles fazia tudo o que lhes agradava. Contudo, uma parte do seu Eu não ficava satisfeita, sofria muito, ainda que não tivesse a coragem de revoltar-se para não perder o amor dos pais. Ela conseguiu levar as coisas até a crise explodir após a última prova malsucedida na universidade.

A raiva acumulada e reprimida no seu subconsciente desencadeou-se de vez, e ela não pôde mais controlar suas emoções, ou seja, a sua agressividade reprimida em relação aos pais, que a tratavam mal e não favoreciam o autêntico desenvolvimento de sua personalidade. Não tendo consciência das suas emoções subconscientes e reprimidas, a moça tomou a decisão de fugir com um homem, porque estava submissa à sua raiva que não era conhecida, nem aceita e nem controlada.

Claro, a moça era afetivamente imatura. Na sua decisão ela só fez a avaliação afetiva, que se encontrava sob um notável influxo das suas emoções reprimidas. Estando em crise, depois de ter sido malsucedida na universidade, o seu Eu afetivo e subconsciente encontrou uma oportunidade de vingar-se, isto é, de dar um tapa em seus pais, que não a amavam, mas a exploravam. Visto que a moça, no seu modo de agir, não pôs em prática a avaliação reflexiva, ela agiu mal não só para com os pais, mas principalmente para consigo mesma, porque não soube preservar a dignidade de sua pessoa, a sua liberdade; tornou-se em vez disso a vítima de suas emoções não conhecidas.

As qualidades da pessoa afetivamente madura

Vejamos agora quais são as qualidades de uma pessoa que atingiu a sua plena maturidade afetiva. Procuraremos sublinhar a importância de cada qualidade para a formação da maturidade afetiva.

Capacidade de amar outra pessoa e não só a si mesmo

O ser humano foi criado para amar. Com efeito, todas as suas capacidades básicas — como mente, coração, vontade — estão "marcadas" por essa indelével tendência e exigência para amar. Pode-se afirmar sem receio de errar que o maior ato de amor de Deus para com a sua criatura foi exatamente o de tê-la feita capaz de amar. Enfim, nós seremos julgados de acordo com o critério do amor (cf. Mt 25).

Daí resulta que o único e mais importante dever da pessoa é aprender a amar. Uma vez que amar é uma arte, só se a aprende depois de percorrer um caminho longo e cansativo. Em outros termos, a pessoa só se torna capaz de amar quando vai conquistando a maturidade afetiva. Com efeito, a pessoa afetivamente madura ama e aceita a outra pessoa como tal, ama pelo valor da pessoa em si e não por seu interesse egoísta e utilitário.

O autêntico desenvolvimento transporta o indivíduo do total egocentrismo narcisista do período neonatal para uma progressiva descoberta e abertura ao mundo mais real, aos outros, que devem ser amados, não porque são úteis para mim, mas porque são dignos de receber amor.

O que nos impede de amar os outros de um modo desinteressado é o nosso egoísmo, ou seja, as tendências narcisistas a que todos nós estamos mais ou menos sujeitos.[5]

---

[5] Além das tendências narcisistas que podem ser encontradas em cada um, poderia ser útil também conhecer a *psicodinâmica do puro narcisismo patológico*. À primeira vista, um narcisista se apresenta como uma pessoa de sucesso, segura de si mesma, capaz de atrair a admiração e o aplauso dos outros. Na realidade, revela-se uma grande insegurança e um vazio no coração da personalidade narcisista. O narcisista, no núcleo de sua personalidade, sente-se como um verme, isto é, sem valor, fraco e inferior, e, por isso, procura proteger-se diante desse sentimento insuportável, desse "está tudo mal" que ele sente em si mesmo. Ele encobre a situação com um sentimento contrário, ou seja, com um mundo irreal no qual "está tudo bem". Aqui se pode observar certo paradoxo. O narcisista, por definição, é aquele que ama a si mesmo, que está apaixonado por si mesmo, mas, na realidade, a pessoa narcisista não sabe amar a si mesma; o ódio de si tem a supremacia como sentimento inconsciente no centro de sua personalidade. De fato, a sua necessidade de aparecer revela quanto medo tem de encontrar na solidão o próprio eu, que ele não consegue aceitar e não pode amar.

De fato, uma das maiores dificuldades que os promotores vocacionais precisam enfrentar entre os leigos é exatamente a confusão dos jovens a respeito do amor e do amar. Parece que muitas vezes se faz confusão entre o amor sincero e o próprio egoísmo, ou seja, o reconhecimento da "dependência afetiva" é erroneamente chamado "amor". A causa desse enorme engano, entre outras coisas, é também atribuída aos meios de comunicação a que estamos expostos, principalmente à televisão, aos filmes e jornais que fomentam uma cultura narcisista, que impele as pessoas a procurar antes de tudo o próprio interesse, esquecendo-se do bem dos outros, que deveriam ser incluídos em todo o amor verdadeiro e sincero.

Como proceder diante dessa invasão da cultura narcisista pela mídia? O pouco que podemos fazer é ajudar os jovens (e todos os outros) a fazer uma análise crítica e a estabelecer certa distância daquilo que é transmitido pelos meios de comunicação. Trata-se de fazer entender que por detrás da publicidade existe uma grande indústria que primeiro precisa criar necessidades e dependência nas pessoas para depois poder manipulá-las com os produtos da sua cultura narcisista.

Respondemos agora à pergunta: como vencer o próprio narcisismo, como aprender a amar de maneira madura e sincera? Em primeiro lugar é preciso descobrir em si mesmo o valor e a dignidade da própria pessoa. Fomos criados à imagem de Deus e como filhos de Deus; não temos necessidade de buscar a nossa identidade e o valor no sucesso e na grandiosidade aparente. O mais importante é ser e não tanto ter. Assim, no caso da formação para a maturidade afetiva o que há de mais importante é fazer a pessoa entender que o seu valor consiste em ser filho de Deus, e não em ter sucesso. É preciso sublinhar também que podemos amar, porque somos amados antes por aquele que é o próprio Amor.

É muito importante que a pessoa tenha vivido experiências de autêntica amizade (que inclui os valores partilhados), a fim que lhe seja possível deduzir o sentido do verdadeiro amor, o de Deus, dos seus pais e das pessoas com as quais convive. A experiência humana verdadeira e significativa é a que faz o indivíduo entender que amar é realmente querer o bem do outro, ainda que esse bem requeira o sacrifício e a renúncia de si mesmo...; aceitar o outro como ele é, não pelo que possui e pelo que oferece a mim...; significa ter a disponibilidade de "amar em desvantagem", assumindo as conseqüências negativas por qualquer coisa, colocando-se à disposição do outro..., e ter a disponibilidade de amar a todos, mesmo a quem não retribuir com amor, a quem não se importar ou trair você; quer dizer chegar a compreender que amar é mais importante, muito mais importante e salutar do que ser amado.[6]

Uma pessoa afetivamente madura, portanto, ama a si mesma e, ao mesmo tempo, ama aos outros e está preparada para isso, mesmo que exija sacrifício, porque está convencida de que o amor sincero e desinteressado a

---

[6] Cf. CENCINI, A. Maturità e maturazione nel celibato consacrato. *Presbyteri* 7 (1980) 520.

fará crescer cada vez mais e mediante uma autotranscendência teocêntrica a levará à auto-realização completa de todo o seu ser, de toda a sua personalidade.

Capacidade de controlar os próprios instintos e impulsos

Uma pessoa afetivamente madura tem a capacidade de controlar os próprios instintos e os impulsos da natureza humana. Trata-se, antes de mais nada, dos instintos sexuais e dos impulsos agressivos.

Qualquer pessoa age nos três níveis da sua vida psíquica, ou seja, age no nível psicofisiológico, psicossocial e racional-espiritual.[7]

Nos dois primeiros níveis prevalece um automatismo, que pode ser absoluto, no caso do primeiro nível, ou relativo no segundo nível. Uma pessoa imatura não consegue integrar os três níveis da sua vida psíquica e fica sujeita a certo automatismo do reconhecimento das suas necessidades, dos seus instintos e impulsos. No psicodinamismo dessa pessoa prevalecem a passividade, a repetitividade, o determinismo. A pessoa se deixa levar, recebe o estímulo e corre o risco de nunca tomar decisões autênticas.

---

[7] A motivação que regula o primeiro nível é a satisfação imediata das necessidades, isto é, trata-se de uma motivação de vantagem individualista. Já no nível psicossocial a motivação que leva a agir provém da necessidade que se tem dos outros, porque sozinhos somos insuficientes e limitados. Por fim, no nível racional-espiritual o homem pode conhecer as coisas abstratas e transcender o "aqui e agora", para defender os valores espirituais e deixar-se motivar por eles.

Já uma pessoa afetivamente madura reage de acordo com a sua decisão livre. Essa pessoa age em todos os três níveis da sua vida psíquica, porém, de modo maduro, ou seja, ela consegue conjugar bem as necessidades da sua natureza com os valores livremente escolhidos. A pessoa madura, controlando os seus instintos, consegue usar as suas exigências como instrumentos para a busca dos fins e objetivos que dizem respeito ao bem total da pessoa, tornando-a mais livre e mais criativa. Na formação para a maturidade afetiva será muito importante fazer as pessoas compreender que, por sua natureza, não devem tornar-se vítimas dos próprios instintos agressivos e sexuais, porque, afinal, elas têm a capacidade de agir no plano racional-espiritual, ou seja, podem conseguir sublimar as suas energias para viver os valores e, assim, crescer na liberdade, na auto-realização.

Além da dificuldade de controlar bem os impulsos sexuais e agressivos, para muitos jovens, o obstáculo maior para abraçarem uma vocação é a *dificuldade de deixar de andar conforme o grupo a que pertencem.* Em muitos casos há no grupo pessoas imaturas, que rapidamente desenvolvem uma acentuada *dependência,* e procuram no grupo o reconhecimento das necessidades de segurança, de afeto e de aceitação que não receberam em suas famílias. Sabe-se que muitos jovens que se tornaram vítimas do uso das drogas seguiram exemplos que encontraram no grupo, e, em não raros casos, começaram a usar drogas para ratificar a sua fidelidade ao grupo.

Uma razão pela qual as pessoas (e principalmente os jovens) se integram ao grupo é a maior possibilidade de encontrar alguém com quem possam identificar-se, ou seja, descobre-se no outro alguma coisa que serve para o sentido do próprio eu. Em outras palavras, a pessoa descobre no outro um apelo a ser ela mesma. A imitação de um modelo pode levar à autonomia de escolha, mas pode também bloquear o real crescimento da personalidade. O critério principal é este: "A identificação é fonte de crescimento à medida que nos ensina comportamentos que aumentam os valores. É bloqueante quando gratifica aquela parte do Eu contraditória aos valores".[8]

Como ajudar os jovens a superar essa desastrosa dependência do grupo? Antes de tudo seria preciso reconstruir as famílias, que poderiam manter mais os filhos em seu meio. Além disso, seria muito útil formar líderes maduros, que poderiam ter uma expressiva influência positiva nos grupos em que os jovens se reúnem.

Capacidade de suportar coisas desagradáveis, o sofrimento e a renúncia

Para compreender melhor essa qualidade da pessoa madura será interessante observar como uma criança (uma pessoa imatura) reage diante do que é desagradável, diante do sofrimento e da renúncia.

---

[8] No primeiro caso trata-se de *identificação que interioriza;* no segundo caso, trata-se de *identificação que não interioriza*. A variável discriminatória é a parte do Eu que é gratificada. Cf. CENCINI, A. & MANENTI, A. *Psicologia e formação.* Estrutura e dinamismo. São Paulo, Paulinas, 1995. p. 357.

A criança reage de acordo com o princípio do prazer. Segundo esse critério, o bem é o que me agrada, o que é importante para mim aqui e agora. Trata-se, portanto, de uma avaliação afetiva que desperta as emoções e impele o indivíduo (criança ou pessoa imatura) a agir sem fazer qualquer avaliação posterior, como a reflexiva. É normal que a criança aja assim porque ainda não desenvolveu a sua capacidade racional. De uma pessoa adulta e madura, porém, espera-se que suporte o desprazer, o sofrimento e a renúncia.[9]

Portanto, pessoa madura quer dizer pessoa consistente, cujo Eu ideal consegue dominar a força das próprias necessidades e desejos, que são opostos aos seus valores. Em outras palavras, um homem maduro tem consciência do conflito nele existente, e que o divide entre dois mundos que ele carrega em si: o mundo infinito dos seus desejos e o mundo finito das suas limitações. Pensa-se erroneamente que a pessoa madura não deve ouvir a tensão interna, ou então, se a ouvir, deve eliminá-la a qualquer preço, satisfazendo suas necessidades e seus desejos egoístas. A maturidade afetiva não exclui a tensão na psicodinâmica pessoal, mas aceita-a como uma oportunidade para crescer.

---

[9] A razão dessa afirmação encontra-se na própria pessoa, ou seja, na *dialética de base,* inerente à natureza do ser humano. A dialética de base pode nos ajudar a compreender que a cruz não é algo imposto de fora, mas faz parte da própria natureza da pessoa. A dialética de base vem como conseqüência motivacional da pessoa. Na autotranscendência o homem tende para o infinito, mas ao mesmo tempo há uma oposição de forças motivacionais: desse modo se instaura no homem uma dialética de base. Ele tem o desejo do infinito, mas é um ser finito.

A escolha de uma vocação sacerdotal ou religiosa, ao que parece, é mais difícil para os jovens, porque vivemos em uma sociedade consumista, que não tem afinidade com as renúncias e não capta o seu sentido, mas é, antes, totalmente contrária a qualquer sacrifício. Não obstante isso, é preciso ter a coragem de apregoar o valor das renúncias e, com delicadeza e convicção, ajudar a esclarecer que, por sua natureza, o ser humano não pode satisfazer todos os seus desejos; que o sofrimento faz parte do cotidiano; que a cruz é inerente à natureza humana, que dela não se pode fugir e que, ao aceitá-la de boa vontade, ela se torna menos pesada, transformando-se em fonte de alegria imensa.

Ter uma consciência madura e não infantil

Uma pessoa afetivamente madura tem consciência de que não é infantil e sim madura; não austera, mas flexível; não permissiva, mas exigente.

Uma consciência imatura é conduzida pelo medo da punição, é amedrontada pelo sentimento de culpa irracional, e, conseqüentemente, comporta-se consigo mesma e em seu meio com sadismo ou masoquismo. Uma pessoa imatura está inclinada a exagerar em seus julgamentos. Ela chega a oscilar entre a inflexibilidade e a permissividade. Depende da maneira como foi educada na sua infância. Uma consciência inflexível tende a ver por toda parte o pecado e a responsabilidade. Uma pessoa assim pode tornar-se sádica, isto é, com tendência a tornar-se um tormento para os outros, causando-lhes sofrimento e dificultando-lhes a vida, ou então, pode transformar-se em um masoquista com a necessidade de punir-se a si mesmo pelo que não é responsável, enquanto que a consciência permissiva faz promessas contínuas e sacrifica os princípios claros.

De modo diverso dessas inclinações imaturas, a pessoa madura faz-se guiar pela consciência madura, flexível e exigente. A pessoa assim não aceita jamais compromissos acerca dos princípios morais, mas compromete-se com os fatos. Assim como Jesus fez quando disse para a mulher adúltera: "Também eu não a condeno. Vá e não peque mais". Uma consciência madura condena o pecado, a violação do princípio, mas não condena a pessoa. Uma consciência flexível não quer dizer que seja permissiva, mas é muito exigente, e, ao mesmo tempo, sabe distinguir muito bem entre o que é importante, o que deve ser respeitado a qualquer custo, daquilo que é mutável e que se pode mudar ou até deixar de lado.

O problema mais grave que se encontra hoje na formação da consciência madura é a *dubiedade das mensagens* recebidas nas famílias e nos grupos. De um lado, o indivíduo aprende os princípios morais claros, mas de outro, de modo sutil e muitas vezes subconsciente, recebe mensagens contrárias aos princípios aprendidos. Se tais mensagens vêm dos pais ou das pessoas afetivamente ligadas ao indivíduo, serão mais facilmente aceitas. Pode-se criar uma confusão na pessoa, que não sabe em quem acreditar. Conforme as estatísticas, grande porcentagem dos crimes envolvendo a agressividade é cometida por filhos que vêm de famílias nas quais o pai fazia o papel de policial. O próprio pai, nesse caso, emitia mensagens dúbias. De um lado defendia a ordem pública e punia a agressividade e a violência não controlada dos outros, mas, de outro, sendo ele mesmo agressivo na sua família, mandava mensagens dúbias aos filhos que depois se comportavam como ele.

Capacidade de manifestar a própria agressividade de modo controlado

Como a sexualidade, assim também a agressividade é uma característica de todo ser humano. Ela se apresenta como a variável mais destacada do dinamismo emotivo. Graças a ela podemos superar os obstáculos e perseverar nas dificuldades que devemos enfrentar na vida.

A agressividade, como tendência em si neutra, tem início na criança como prolongamento do movimento muscular e como exigência de sua autonomia. Ela pode ser construtiva ou destrutiva.

A agressividade construtiva nos ajuda a conquistar a realidade e a obter a nossa autonomia. E mais: quando é devidamente sublimada, a agressividade alimenta a nossa esperança. (*Spes prima est inter passiones irascibiles*, afirmava santo Tomás de Aquino). Um bom exemplo é o de Teresa de Calcutá: uma mulher muito disposta a encarar as dificuldades; isso quer dizer que ela era agressiva no bom sentido, que foi bem-sucedida ao sublimar a sua agressividade para o bem de tantos infelizes.

Já a *agressividade destrutiva,* quando prevalece, prejudica o próprio indivíduo e os outros. Ela pode voltar-se para o *mundo exterior,* dando lugar à desavença, à briga e até à guerra com destruições horrendas, como também pode voltar-se *para dentro* dando origem aos conflitos intrapsíquicos, situados na base das neuroses e das psicoses.

Essas duas formas de agressividade possivelmente estão em equilíbrio dinâmico entre si, ou seja, quando aumenta a agressividade destrutiva diminui a construtiva e vice-versa.

A pessoa afetivamente madura não tem medo da própria agressividade; aceita-a e usa a sua força para atingir os seus ideais. A pessoa madura tem a coragem de exprimir a sua agressividade e o faz controladamente, isto é, não se deixa dominar por ela, mas manifestando-a com moderação, consolida a sua maturidade e a sua autêntica autonomia. Também Jesus, como a pessoa mais madura desta terra, manifestava a sua agressividade quando julgava isso oportuno e proveitoso para aqueles que não entendiam outra linguagem.

Como educadores devemos ajudar as pessoas a reconhecer a sua agressividade, a aceitá-la como um potencial útil em benefício dos próprios ideais e também a manifestá-la controladamente. A pessoa que tem medo da sua agressividade, julga-a como inaceitável, reprime-a em seu subconsciente e ainda enfrenta as suas conseqüências negativas. Na realidade, a agressividade assim reprimida transforma-se facilmente em tristeza, depressão, insegurança, passividade etc.

Capacidade de viver na verdade

A pessoa afetivamente madura não precisa fugir de si mesma e, por conseguinte, deveria estar mais disposta a viver na verdade. A pessoa imatura, ameaçada pelas forças que se opõem aos seus ideais, sente-se insegura, frágil, fraca. Tais sentimentos causam ansiedade, que o indivíduo não consegue tolerar, procurando a todo custo fugir para um mundo mais seguro e mais protegido. Habitualmente o refúgio transforma-se em um mundo de ilusões e fantasias.

Graças aos mecanismos de defesa, o indivíduo pode fugir da sua realidade interior e também da exterior e proteger-se da ansiedade que ele é incapaz de tolerar. Há também os mecanismos de adaptação, ou seja, mecanismos de defesa maduros, de que o nosso Eu procura valer-se para regular os impulsos e adaptar-nos à realidade. Já os mecanismos de defesa imaturos são empregados pelo indivíduo que se sente incapaz de suportar a ansiedade, a angústia, o sentimento de culpa... Mediante essas atividades mentais realizadas inconscientemente, o indivíduo se defende em detrimento da sua liberdade e da realidade, que é mais ou menos distorcida. Além disso, assim procedendo, consome-se à toa uma grande quantidade de energia que, tendo defesas mais maduras, poderia ser usada de modo mais eficaz, isto é, manipulando a realidade e os impulsos internos de maneira a superar com proveito a ameaça, em vez de fazer de conta que não a percebe afastando-a no subconsciente, com os múltiplos prejuízos que daí advêm.[10]

---

[10] Cf. Cencini & Manenti, *Psicologia e formação...*, cit., p. 311.

1. QUADRO X: Elenco dos mecanismos de defesa

DEFESAS			
I Narcisistas	II Imaturas	III Neuróticas	IV Maduras: mecanismos protetores de controle
- realidade recusada - problemas de comportamento	- realidade transformada - problemas de imagem: própria e dos outros	- realidade reinterpretada - problemas de auto-estima	- realidade aceita - capacidade criativa
- Retraimento social - Ação - Cisão - Projeção - Negação - Fixação - Regressão - Anulação - Retroativo (Incapacidade de administrar os sentimentos e de lidar eficazmente com o meio)	- Onipotência - Idealização primitiva - Voltar-se contra si mesmo - Fantasias esquizóides - Pensamento mágico (Incapacidade de relacionamento social)	- Formação reativa - Compensação - Racionalização - Intelectualização - Isolamento - Deslocamento - Repressão-remoção (Incapacidade de alegrar-se consigo mesmo e com a vida)	- Supressão - Antecipação - Humor

Quanto mais madura for a pessoa, tanto mais será capaz de tolerar a ansiedade, que é um fator normal da vida, bem como suas vicissitudes externas e internas. Por conseguinte, uma pessoa madura não foge da realidade, não a destrói com os mecanismos de defesa, mas aceita-a e vive-a de modo responsável.

Se são verdadeiras (e cremos que sim) as palavras de Jesus, que apenas a verdade nos libertará, então por que somos tentados a fugir da verdade? Por que buscamos refúgio nas ilusões, nas fantasias? Nós o fazemos porque não é fácil sustentar a verdade a respeito de nós mesmos. Sim, a verdade nos libertará, mas antes ela nos faz pobres; essa é, pois, a razão pela qual somos tentados a fugir dela.

Na formação para a maturidade afetiva será muito importante fazer as pessoas compreenderem que os mecanismos de defesa imaturos são pouco úteis ou inúteis, infantis, prejudiciais e contraproducentes para o crescimento humano e também vocacional, bem como para a eficácia apostólica e pastoral.

Capacidade de ser autônomo

Como última qualidade da pessoa madura é mencionada a sua capacidade de ser autônoma, independente. Somente a pessoa que desenvolveu em si todas as outras capacidades aqui indicadas tem autonomia. Ela é o coroamento do processo de individualização e a condição da liberdade. Só uma pessoa autônoma, ou seja, livre, conhece o segredo do comportamento maduro.

No decorrer da formação para a maturidade afetiva é preciso fomentar o crescimento da autonomia da pessoa. De fato, quanto mais alguém se torna autenticamente livre, tanto mais poderá ser independente e autônomo, ou seja, realmente maduro.

Formação para a maturidade na castidade consagrada

Conforme a *Lumen gentium* (LG), 46, permanece viva a exigência de encontrar respostas eficazes aos requisitos de uma vida de castidade consagrada e de celibato sacerdotal vividos de modo pleno, livre e de tal sorte que promova o desenvolvimento total da pessoa.

À pergunta se é possível pedir aos jovens hoje o ideal de uma dedicação irrevogável na virgindade consagrada, a Igreja responde que sim, sem ambigüidade. Em diversos documentos do Concílio Vaticano II é reafirmado o ideal da virgindade consagrada e do sacerdócio, por exemplo, LG, 5; PO, 16; PC, 12; OT, 10.

Nesses documentos vêm sublinhadas duas realidades: a primeira é a reafirmação de que o chamado à castidade consagrada e ao celibato é, antes de tudo, um *dom da graça* em favor da Igreja e das próprias pessoas; a segunda realidade é a importância de uma *adesão livre e total* a esse dom.

A maturidade requerida pela castidade consagrada

A santidade cristã para a qual todos os cristãos são chamados consiste na perfeição do amor. A virgindade consagrada e o celibato são o dom precioso da graça divina dado pelo Pai para alguns (cf. Mt 19,11; 1Cor 7,7), para que mais facilmente com coração indiviso (cf. 1Cor 7,32-34) se consagrem apenas a Deus.

O que os Padres do Concílio quiseram sublinhar é o fato de que a castidade consagrada é um dom de Deus que deve ser aceito na fé. Contra essa virgindade consagrada e o celibato não pode haver objeção por parte da razão natural. Em outras palavras, o carisma do celibato não é um fato extraordinário, mas perfeitamente normal no quadro da economia da graça própria de Deus. De fato, a pessoa tem a capacidade fundamental de voltar-se para o valor que a transcende, como a castidade consagrada.

Das pesquisas feitas por Rulla e seus colaboradores resulta que as pessoas maduras são aquelas que conseguem integrar o seu componente psicossexual à realidade antropológica, que é a disposição delas para devotar-se a Deus, isto é, a viver os valores revelados no modo existencial.

A natureza da sexualidade

Toda formação frutuosa e completa para a castidade deve levar em conta a natureza da sexualidade humana. As duas características fundamentais da sexualidade são a *ubiqüidade* e a *plasticidade*. Em outras palavras: o simbolismo sexual pode exprimir e definir emoções e relações não-sexuais.

A *ubiqüidade* da sexualidade significa que o sexo pode responder a diversas necessidades. O sexo não é apenas um instinto fisiológico, mas pode servir também de fonte das relações emotivas com os outros. A sexualidade permeia toda a nossa personalidade: nossa alma e nosso corpo, nossa realidade consciente e subconsciente.

Estando em relação com todas as nossas necessidades, o sexo pode associar-se facilmente a elas sem que a pessoa se dê conta disso. A ubiqüidade da sexualidade quer dizer que um problema em qualquer aspecto da pessoa pode facilmente encontrar a sua expressão na sexualidade que, nessa perspectiva, apresenta-se aqui como um rio caudaloso que atravessa toda a nossa personalidade e como tal pode receber outros rios menores como afluentes.

Assim, nessa perspectiva torna-se mais claro que os comportamentos sexuais podem ter raízes motivacionais não-sexuais. O que se manifesta é o comportamento sexual, mas a sua raiz deve ser procurada em outras áreas da personalidade.

Dessa forma, por exemplo, se alguém tiver medo de exprimir as suas emoções, principalmente se não tiver a coragem de exprimir a sua raiva, controladamente, mas procura reprimi-la no subconsciente, essa raiva quando se acumula torna-se muito ativa e vai buscar um canal para extravasar-se e reduzir a tensão interior. Com freqüência, exatamente no campo da sexualidade (masturbação) a pessoa encontra a maneira e a ocasião de extravasar a sua raiva reprimida e a sua agressividade não reconhecida.

Também na sexualidade conjugal é possível, ou melhor, está comprovado que 60-80% das pessoas casadas atribuem ao relacionamento conjugal significados diferentes daquele que conscientemente é atribuído ao casamento, ou seja, o amor.[11]

O comentário de Friedrich que trata desse problema é: "A relação sexual-genital, por isso, pode ser usada para manifestar quaisquer tipos de conflitos individuais, de necessidades e preocupações, como também uma relação afetiva, que causa prazer entre duas pessoas".[12]

É verdade que também os conflitos no campo sexual podem manifestar-se em comportamentos não-sexuais. Assim, por exemplo, uma pessoa que se comporta de maneira manipuladora, sedutora e exibicionista, nas relações interpessoais, pode estar escondendo problemas sexuais inconscientes.

A sexualidade é *polivalente*: ela pode promover como também pode bloquear o desenvolvimento da personalidade. Tudo depende do significado pessoal que se dê ao ato sexual.

---

[11] De acordo com o estudo de FRIEDRICH, M. A. *Motivations for coitus, Clinical Obstetric and Gynecology*. 3. ed. 1970, pode-se procurar o relacionamento sexual pelos seguintes motivos:
1. para atenuar a ansiedade e a tensão;
2. para engravidar e/ou para ter um filho;
3. como afirmação da própria identidade;
4. como comprovação do valor pessoal;
5. como defesa contra desejos homossexuais;
6. como fuga de uma solidão ou da aflição;
7. como demonstração de poder sobre outra pessoa;
8. como uma expressão de raiva e de destruição;
9. como um meio de satisfazer um desejo de amor infantil.

[12] Ibidem, p. 693.

Pela experiência sabemos muito bem que as pessoas que gostariam de entrar na vida religiosa ou sacerdotal têm muita dúvida e medo de dar início a uma vida de castidade, porque sentem-se muito fracas no campo da sua sexualidade (prática da masturbação, necessidade acentuada de relações sexuais etc.). Como ajudar tais pessoas a superar suas dificuldades para poder dar uma resposta generosa ao chamado de Deus? Além da oração e da vida sacramental, é preciso encorajar essas pessoas a fazer uma séria análise de si mesmas. Em outras palavras, é preciso fazê-las compreender que os problemas e as fraquezas no campo sexual podem ter raízes em outros problemas e conflitos mal resolvidos que em sua origem não são de natureza sexual.

Isso não significa que os problemas sejam logo resolvidos apenas pela intuição das suas raízes, contudo, a pessoa será encorajada a buscar ajuda de um modo mais maduro e mais adequado.

Já é bastante quando uma pessoa se convence de que os problemas sexuais podem ser os efeitos e não as causas reais. As causas das fraquezas no campo sexual vão sendo descobertas na dinâmica pessoal, isto é, nas necessidades, atitudes, valores, defesas, emoções. Em outras palavras, é preciso deslocar a atenção da sexualidade, que se apresenta como efeito, para a personalidade em sentido mais geral, ou seja, para as causas reais.[13]

---

[13] Pela pesquisa já mencionada, 60-70% das vocações sacerdotais e religiosas são limitadas de um modo mais ou menos relevante, porque os seus valores conscientemente proclamados e aceitos são ameaçados pelas suas necessidades sub-

Pode acontecer que os problemas de ordem sexual diminuam, mas ao mesmo tempo aumente o aparecimento de outros problemas como a intolerância, a agressividade ou a dependência infantil.

Depois de ter esclarecido qual é a natureza da sexualidade humana, parece-me importante, sobretudo para o nosso tema, tratar um pouco da grande dificuldade encontrada pelas pessoas que hoje estão pensando em uma possível vocação sacerdotal ou religiosa. Trata-se da *ameaça de sentir-se, em certo sentido, "automarginalizado" em meio a uma cultura que exalta a sexualidade.* Vamos enfocar esse problema com um exemplo concreto:

Três rapazes: José, Marcos e Ricardo vieram do interior para estudar na universidade em uma cidade grande. Os três são muito bons e, quando estavam no interior, ajudavam na paróquia. Intimamente os três alimentam o desejo de entrar no seminário para tornarem-se sacerdotes, mas não se sentem muito seguros e por isso decidem, por enquanto, estudar na universidade pública, deixando a inscrição para a faculdade de teologia para o final dos estudos universitários. No início de sua permanência na cidade grande vão regularmente à igreja aos domingos e rezam. Vivendo, porém, com outros estudantes que não praticam a mesma fé, os três encontram uma oposição cada vez mais hostil ao seu estilo de vida.

---

conscientes, isto é, não são reconhecidos. Em virtude desse conflito entre as necessidades e os valores, a pessoa com o voto de castidade ou de celibato corre o risco de ter prejudicado o seu compromisso específico no celibato por causas que ela ignora ou simplesmente desconhece, mas que não são necessariamente de natureza sexual.

Principalmente são criticados e tornam-se alvo de zombarias, porque defendem o valor da virgindade e o ensinamento moral da Igreja. Outros estudantes consideram essa posição como fraqueza, medo e insegurança em confronto com a sociedade moderna. Depois de ter vivido um ano em tal ambiente, dois deles, José e Marcos, não conseguem mais resistir à pressão do meio e se posicionam a favor daqueles que no início eram seus "inimigos ideológicos". Ricardo, pelo contrário, não muda sua convicção, mas precisa ir embora dali, porque já não agüenta mais a pressão de tantos que o consideram "louco".

Desempenhar o papel de promotor vocacional, hoje, em meio a uma sociedade que menospreza valores como a virgindade e o celibato, não é fácil. Seria preciso mudar a opinião pública favorecedora e promotora de uma cultura que enaltece o sexo. Entretanto, antes de tudo seria necessário mudar, ou seja, converter os corações das pessoas que compõem essa sociedade. O que podemos fazer é deixar-nos converter por Deus e promover uma cultura de vida, preparando os jovens para um confronto decisivo com a sociedade consumista.

Os meios para superar as dificuldades

Perguntamo-nos agora quais são os meios recomendáveis às pessoas que se dispõem a viver na castidade consagrada. Os Decretos do Concílio Vaticano II (PC e PO) fazem entender claramente que as pessoas desejosas de viver no celibato livremente aceito, devem estar prontas para um compromisso sério, para a mortificação e a ascese. Já que se trata de um dom de Deus, é preciso dar-lhe uma resposta generosa na humildade e perseverança, recorrendo aos meios sobrenaturais (sacramentos, oração) e aos humanos.

Conforme PC, 12, "os candidatos à profissão da castidade" antes de serem admitidos devem passar por "um tempo suficiente de provação" e *atingir "um conveniente amadurecimento psicológico e afetivo"*.[14] Os candidatos devem ser advertidos dos perigos no campo da castidade e principalmente devem ser formados "de tal maneira que o celibato consagrado contribua para o pleno desenvolvimento de sua personalidade". É importante conhecer e compreender bem essas palavras do Concílio, porque vivemos em uma sociedade secularizada, somos bombardeados por idéias e atitudes que consideram o celibato um obstáculo para o desenvolvimento humano, ou pior, uma mutilação da personalidade.

Vamos responder a essa objeção citando as palavras de um grande conhecedor e analista do problema em pauta. Ele tem a convicção de que

> só pela aceitação consciente e pela superação pessoal da corporeidade sexualmente condicionada, as renúncias livremente aceitas por causa do celibato deixam

---

[14] "O pressuposto do celibato é a maturidade da pessoa e exatamente nos anos da formação há o tempo favorável e a disponibilidade dos instrumentos para essa finalidade. A eficácia dos instrumentos depende também da possibilidade de fazer emergir e resolver os conflitos subconscientes que atingem, como já se viu, de 60 a 80% dos chamados. E, diga-se mais uma vez, essa obra só será possível se se integrarem os meios tradicionais de formação com os auxílios oportunos das ciências humanas modernas, especialmente a psicologia profunda" (VERSALDI, G. Celibato per il Regno: un modo di vivere la sessualità. *Presbyteri* 7 [1980] 515).

de ser um obstáculo para o desenvolvimento mental e religioso da pessoa e transformam-se em fonte de nova energia, promovendo as finalidades do celibato cristão descritas no texto do Concílio.[15]

Portanto, a consagração de toda a pessoa a Deus e aos outros, quando é aceita na liberdade e motivada pelo amor, não pode dificultar o desenvolvimento humano, mas deve conduzir o ser humano à sua plena maturidade. A castidade não é apenas uma virtude para os celibatários, para as pessoas consagradas, mas para todos os jovens, especialmente para aqueles que se preparam para o casamento. A *Familiaris consortio* (FC, 37,5) acentua a importância da educação para a castidade por meio da qual se desenvolve a autêntica maturidade da pessoa.

Na formação para a castidade não basta uma simples instrução sobre os deveres ligados aos votos, nem mesmo qualquer tipo de informação sobre o sexo. Importa um novo tipo de formação que pode atingir as "inclinações mais profundas da natureza humana", a respeito das quais fala a PC. Tal formação, portanto, não deveria basear-se apenas na motivação consciente, mas também na subconsciente, que provém das necessidades, dos medos e dos próprios desejos inconscientes. De fato, uma pessoa psicológica e afetivamente madura, quando dá uma resposta livre ao chamado de Deus, abraça

---

[15] WULF, F. Decree on the appropriate renewal of religious life. In: VORGRIMLER, H., ed. *Commentary on the Documents of Vatican II*. New York, Herder & Herder, 1968. p. 359.

o celibato consagrado a Deus também como um bem para o desenvolvimento integral da sua personalidade.

A castidade consagrada a Deus mediante o celibato comporta e exige dos consagrados o sacrifício. A nossa escolha de seguir a Cristo pelo voto de castidade traz consigo certa renúncia afetiva e solidão do coração que fazem parte da cruz que nos foi oferecida por Jesus para segui-lo.

Para que uma pessoa possa abraçar o celibato na Igreja como vocação de amor, ela tem necessidade absoluta dos seguintes requisitos:

a) fé viva, com a ajuda da qual se compreende o sentido e o preço do amor mais sublime que, mediante a consagração, acolhe os afetos da nossa personalidade distinta segundo o sexo e transcende os seus gestos e os atos naturais;

b) equilíbrio saudável da afetividade em constante desenvolvimento, sendo que nesse equilíbrio se encontram a sua integração, as motivações e os impulsos conscientes e inconscientes de toda a personalidade, preparando o caminho para uma escolha plenamente humana;

c) por fim, especialmente em nosso tempo, uma escolha clara e feita livremente, com consciência e generosidade, da virgindade consagrada a Cristo. De fato, por meio da virgindade a pessoa se consagra a Deus com a oferta total do corpo e do espírito.

O nosso amor para com Deus deve crescer todos os dias enquanto estivermos vivos. Para o desenvolvimento sem fim desse amor consagrado a Deus e para a perseverança na vocação faz-se necessário:

a) alimentar sempre a fé viva que existia desde o início, mediante o contato íntimo com Deus e por meio da contemplação dos mistérios de Cristo. É necessário nutrir essa fé tornando-se semelhante a Cristo e ficando próximo de Cristo nos sacramentos, quer da penitência, que nos torna cada vez mais puros e amantes da paz, quer da eucaristia, que faz de nós um só coração e uma só alma com o povo de Deus;

b) alimentar o propósito de perseverar e crescer no amor, mediante o desenvolvimento da caridade e a união das almas, as quais florescerão se os religiosos na vida comum souberem praticar um verdadeiro amor fraterno entre si;

c) corroborar os impulsos iniciais do serviço divino nessa vocação, por meio do trabalho apostólico;

d) defender a perseverança da vontade com uma prudência tenaz, a qual faz com que pessoas e comunidade não presumam das próprias forças, mas pratiquem a renúncia e o controle dos sentidos;

e) renovar constantemente o propósito de perseverar, por meio de uma humilde devoção à Beatíssima Virgem Maria, que com o seu casto consentimento obteve a fecundidade divina e mereceu tornar-se a Mãe do Belo Amor.[16]

---

[16] Esses requisitos são apresentados aos jesuítas na sua XXXI Congregação geral, pela fidelidade e o crescimento na castidade consagrada a Deus. Essas sugestões valem para todos aqueles que queiram crescer no seu amor consagrado a Deus. Cf. La castità nella Compagnia di Gesù. In: *Decreti della Congregazione generale XXXI*, nn. 250 e 251.

A maturidade dos educadores

Um educador, sacerdote, religioso ou religiosa que se dedica ao apostolado vocacional, além de usar palavras, fala por meio de sua vida porque além da comunicação verbal há também a comunicação não-manifesta, não-verbal, mediante a qual não se exprime apenas o que se sabe, mas principalmente o que de fato se é. Os jovens desejosos de entregar-se à vida religiosa ou sacerdotal compreendem bem a linguagem não-verbal e consideram os nossos valores de acordo com a alegria e a convicção com que os vivemos no dia-a-dia. Se um educador não tiver resolvido os seus mais graves problemas no campo da sexualidade, isto é, se não tiver renunciado consciente e livremente às satisfações ligadas à própria sexualidade, inevitavelmente continuará a manter desejos reprimidos dessa satisfação.

Por sua vez, esses desejos reprimidos fazem com que a pessoa possa facilmente considerar alguns aspectos da virtude da castidade como imposições externas, injustas e, por vezes, também tirânicas. Por exemplo, o aspecto que requer um controle e uma renúncia no subconsciente pode ser entendido como um peso injusto e por isso não necessário.

Subconscientemente, um indivíduo identifica a felicidade com a satisfação sexual e a renúncia a essa satisfação como uma privação mais ou menos injusta. Isso torna difícil apresentar aos outros, com convicção e sem mensagens dúbias, o ideal da castidade cristã, matrimonial ou celibatária como a verdade mais profunda da existência corpórea humano-cristã. O educador não está realmente convicto de que seja dessas verdades vividas que possam derivar a maior plenitude e a felicidade concedida ao cristão "a caminho".[17]

Nesse caso, alcança-se a melhor maneira de ser um educador corajoso quando se faz uma oferta sincera de si ao Senhor, quando se faz uma entrega livre a Deus, no amor desinteressado, com todo o coração, com toda a alma, com toda a mente e com todas as próprias forças (Cf. Mt 22,37-39).

Além de ser um bravo educador das vocações, a pessoa que se esquecer de si mesma por amor a Deus atingirá a realização plena da sua personalidade. Na realidade, a pessoa chega à sua plena maturidade só quando se empenha em uma fidelidade que valha mais que a vida.

Por fim, gostaria de apresentar-lhes três sugestões, que poderão ajudar a viver de maneira mais madura e alegre a nossa dedicação a Deus e assim possa atrair mais jovens para a vida religiosa e sacerdotal.

Primeiramente trata-se do *testemunho de uma profunda relação com Deus*. Com efeito, há um vazio no coração humano que pode ser preenchido apenas por uma união muito íntima e profunda com Deus. Além disso, é preciso aceitar a verdade existencial da vida humana, que encerra um sentido de solidão enquanto se estiver vivo nesta terra.

---

[17] RULLA, L. M.; IMODA, F.; RIDICK, J. *Antropologia della vocazione cristiana (II)*. Conferme esistenziali. Casale Monferrato Piemme, 1986. p. 259.

Preencher esse vazio afetivo com uma íntima relação com Deus é uma exigência inalienável para o ser humano; preenchendo esse vazio se dá testemunho do amor de Deus por nós, isto é, do amor divino que é fonte de todo verdadeiro amor e que por primeiro nos chamou para amar-nos entre nós mesmos.[18]

O maior mandamento sugere amar a Deus com todo o coração e a seguir acrescenta a necessidade de amar o próximo como a si mesmo. Para poder preencher o nosso vazio afetivo é necessária uma *relação madura com a comunidade*, ou seja, com o grupo em que se vive. A relação interpessoal será madura quando se procurar ajudar os outros a crescer na fé, na esperança e no amor, quer dizer, quando se busca os valores autotranscendentes por amor de Deus. Com efeito, uma *verdadeira* e *genuína atividade de trabalho ou de pastoral* especialmente com os pobres e os mais necessitados nos ajudará a superar a nossa solidão existencial e, ao mesmo tempo, por meio dessa atividade, também podemos alcançar algo para o Reino de Deus.

Conclusão

No Decreto *Optatam totius* (OT) do Vaticano II lemos o texto seguinte:

[...] Cultive-se [nos estudantes] a maturidade humana, que se manifesta numa certa estabilidade de âni-

---

[18] Ibidem, p. 264.

mo, na capacidade de tomar decisões ponderadas e de saber apreciar corretamente as pessoas e os acontecimentos. [...] A disciplina do seminário deve ser considerada [...] um aspecto indispensável [da formação], que favorece a aquisição do domínio sobre si mesmo, promove a maturidade pessoal (11).

Concluo com a esperança de que as idéias propostas sejam úteis para vocês no trabalho árduo, mas muito importante, da formação das pessoas que lhes são confiadas, para que possam atingir o pleno desenvolvimento da sua personalidade.

5. FORMAÇÃO PARA O SERVIÇO E PARA O APOSTOLADO

R. C. FERNANDES

Introdução

O tema desta reflexão é: "Formação para o serviço e para o apostolado" e, especificamente, com relação ao serviço dos jovens. Esse tema remete ao documento *Christifideles laici*[1] sobre a vocação e a missão dos fiéis leigos.

Nesse documento João Paulo II apresenta a parábola dos trabalhadores da "vinha", à qual é comparado o mundo inteiro, e que deve ser transformado conforme o plano de Deus. A ordem dada — "vão à minha vinha" — é um chamado dirigido a toda pessoa que vem a este mundo; "toda pessoa" significa que também os leigos são chamados para uma missão.

Além disso, o papa afirma: "De modo particular os mais novos tomem como dirigido a si próprios este chamamento e recebam-no com alegria e magnanimidade".[2] E mais: a resposta ao chamado universal à san-

---

[1] Cf. JOÃO PAULO II. *Christifideles laici,* Exortação apostólica pós-sinodal sobre vocação e missão dos leigos na Igreja e no mundo. 9. ed. São Paulo, Paulinas, 1999.

[2] Ibidem, 2.

tidade pode ser dada pela participação ativa na liturgia, na proclamação da Palavra de Deus e na catequese, nas associações e nos movimentos pastorais.

Para cumprir essa missão, algumas atitudes cristãs são básicas, ou seja, não é importante apenas o que fazemos na vinha do Senhor, mas também como e por que o fazemos.

Devemos procurar estudar pormenorizadamente esse aspecto, aprofundando-o e apresentando algum tipo de ajuda. Para compreender alguns conceitos sobre o serviço e sobre o apostolado, consideremos alguns exemplos:

Carlos é um jovem sacerdote recém-ordenado. Ele tem muitas idéias novas, está ungido de muito zelo e de entusiasmo pelo Reino de Deus. Em um ano organizou o grupo de jovens na sua paróquia, dedicando-se com especial interesse a cada um deles. Todo domingo um grande número de jovens participa da missa e algumas dezenas participam regularmente do encontro de oração ao longo da semana. Padre Carlos acompanhou o grupo de oração por dois meses com a esperança de levar os membros a engajar-se com esforço em determinada pastoral. Na noite do discernimento, ele lê Romanos 12,4-8: "Num só corpo há muitos membros, e esses membros não têm todos a mesma função. O mesmo acontece conosco: embora sendo muitos, formamos um só corpo em Cristo, e, cada um por sua vez, é membro dos outros. Mas temos dons diferentes, conforme a graça concedida a cada um de nós. Quem tem o dom da profecia, deve exercê-lo de acordo com a fé; se tem o dom do serviço, que o exerça servindo; se do ensino, que ensine; se é de aconselhar, aconselhe; se é de distribuir donativos, faça-o com simplicidade;

se é de presidir à comunidade, faça-o com zelo; se é de exercer misericórdia, faça-o com alegria".

Esse trecho impressiona vivamente quatro jovens do grupo: Marcelo, Sofia, André e Maria. Vamos tomar estes quatro como exemplos para aprofundar o nosso entendimento quanto à formação para o serviço e o apostolado.

1. *Marcelo* é assistente social. É um jovem com muitos talentos, inteligente e simpático. Quando se dirige ao grupo exerce forte influência e prende a atenção da maioria. Tem idéias magníficas sobre pesquisas que dizem respeito aos problemas dos pobres, dos marginalizados, dos afastados da sociedade, dos toxicômanos. É o primeiro a oferecer seu serviço, dizendo: "Posso ajudar a Igreja trabalhando pelos pobres, a fim de resgatá-los para uma vida mais digna. Sempre procurei ser um líder e assim continuarei sendo".

2. *Sofia* é guia turística, muito simpática. Em seu trabalho está acostumada a apresentar boas explicações sobre os lugares históricos da cidade. Tem vontade de estabelecer um relacionamento pessoal com todos, a ponto de não lhe restar um momento de repouso. E ela mesma se questiona: "Por que não dirigir o coral da igreja e dedicar-me a isto na medida do possível e, desse modo, fazer melhor uso dos meus talentos?"

3. *André* trabalha na parte contábil de um banco. O seu trabalho é marcado por perfeccionismo: é pontual, ordeiro, competente em matéria de normas, regulamentos, procedimentos. Emprega todo o seu tempo e suas energias em seus afazeres e perde a paciência quando vê outras pessoas desperdiçando tempo. Conhece bem os dez mandamentos para a perfeição. Hoje ele decidiu dedicar o pouco tempo livre que tem a serviço da Igreja, ensinando os outros a levar uma verdadeira vida cristã. Assim ele acha que realizará a própria vida.

4. *Maria* é professora em escola do segundo grau. Muito simples, sem maiores pretensões, não chama muito a atenção. Faz o seu trabalho com muita espontaneidade e amor. Na escola dá atenção especial aos alunos pobres e desprovidos, cujos pais não conseguem dar grandes presentes por ocasião do Natal. O que impressiona mais é a sua vida e não tanto as suas palavras. Quando volta do trabalho ainda tem de ocupar-se dos afazeres de casa, porque só tem o pai, já idoso. Ela gosta muito de roupas elegantes e estar com os amigos é para ela um motivo de alegria e um modo de distrair-se. E ela diz: "Posso oferecer meu serviço pelo menos ensinando catecismo no sábado e sacrificar-me pelo Senhor".

Assim, apresentamos quatro jovens que se põem a serviço da Igreja.

Marcelo gosta de seu serviço em favor dos pobres. Aos domingos ele recolhe roupas para os mais necessitados. Isso já se tornou conhecido, e os pobres vão à igreja aos domingos para receber roupas e alimentos. O povo gosta de Marcelo por causa da sua dedicação e capacidade de organizar as coisas. Pouco a pouco Marcelo vai tendo a impressão de que é o "salvador" daquela gente.

André é muito consciencioso no seu trabalho de administrador da paróquia. Sexta-feira à tarde ele já fica ansioso por receio de que nem todos os catequistas estejam presentes. Tem preocupação com Sofia, se ela vai chegar a tempo para a missa e dirigir adequadamente o coral, visto que ela, às vezes, fica meio distraída. Depois vai ter com Marcelo, porque este nunca presta conta em tempo. Com o passar do tempo, André vai tomando consciência de que perdeu peso e se sente como se lhe tivessem sugado as energias.

Sofia chega para dirigir o coral, mas antes de entrar na igreja, ainda do lado de fora, conversa com os amigos, conta longas histórias, brinca e continua com essa disposição também na igreja. Ela deve dar as instruções ao coral durante a celebração, porque não o fez antes. Todo mundo gosta de sua bela voz e de sua maneira de reger. É verdade que alguns se distraem em virtude dos seus gestos. André faz algumas observações sobre a inconveniência de seus gestos, mas ela se irrita e diz: "Sei o que tenho de fazer e de nada me servem as suas intromissões".

Maria é fiel ao seu trabalho. Aproveita o sábado para a catequese com muito sacrifício, é bem verdade, mas sem se queixar. Quando se encontra em dificuldade com os alunos, ela é forte o bastante para encarar a situação e conversar com eles. Mantém relações muito boas com o pároco e com André e os mantém a par de sua tarefa. Ama os pequenos que lhe são confiados, sem fazer distinção de classe social a que pertencem.

Aos poucos a freqüência à oração de grupo vai diminuindo: Marcelo considera que o seu trabalho é uma "adoração"; Sofia precisa sair mais freqüentemente para jantar com os amigos e começou a vestir-se melhor; André é pontual, mas bem agitado por causa da ausência dos outros. Enfim, Maria está constantemente presente para a oração e quando alguém falta ela vai adorar o Santíssimo por alguns minutos e em seguida dirige-se à casa paroquial para saber se pode ajudar em alguma coisa.

Chega a época do Natal. Marcelo propôs que a todas as duzentas pessoas que ele "conhece" sejam dados R$ 50,00 sem levar em conta a idade dessas pessoas. Já o Conselho Paroquial considera que é melhor dar a importância a cada família e não a cada pessoa. Resultado: Marcelo não concorda e abandona definitivamente o grupo.

É claro que os exemplos aqui apresentados são casos extremos, mas que utilizaremos para responder a algumas questões que podem se apresentar em nosso trabalho pastoral.

1. Quais as motivações que estão na base do comportamento dos quatro jovens?

2. O que esses jovens procuram com o seu trabalho apostólico?

3. O que realmente fazem na vida e no trabalho pastoral?

4. O que deveria existir na base de seu comportamento?

5. Como será possível ajudar esses jovens?

Atitudes

Para compreender quais são os motivos que estão na base do comportamento desses jovens é necessário considerar o que acontece quando padre Carlos diz que é preciso servir à Igreja. Marcelo, André, Sofia e Maria mostram-se dispostos. Por quê? Porque têm uma predisposição para dar uma resposta. Essa "predisposição a responder"[3] é chamada "tomada de atitude".

A atitude não se refere a um comportamento exterior visível, mas a uma predisposição para isso. Portan-

---

[3] Cf. RULLA, L. M. *Psicologia do profundo e vocação. As pessoas.* São Paulo, Paulinas, 1977.

to, a atitude não é interpretada num sentido único: é ambivalente, diz e não diz, vela e revela. A primeira pergunta que nos devemos fazer é "por que tal atitude?",[4] pois uma "atitude" pode ser sustentada por uma necessidade ou por um valor.[5]

Uma atitude de disponibilidade diante dos outros pode exprimir um valor de dedicação ou ser um meio de reconhecimento da necessidade de exibição. O cumprimento do dever pode ser uma maneira de demonstrar respeito para com os outros ou um modo de disfarçar a insegurança. De fato, os motivos menos genuínos, muitas vezes inconscientes, podem fugir à consciência do indivíduo e bloquear o crescimento humano e espiritual, sem que haja "má vontade", ou melhor, apesar da boa vontade da pessoa.[6]

A mesma atitude pode desempenhar funções diferentes:[7]

a) Função utilitária

Uma atitude é tomada enquanto serve para uma utilidade pessoal, imediata ou mediata, em vista de uma recompensa (vantagem) a obter ou de uma punição (perigo) a evitar.

---

[4] Cf. CENCINI & MANENTI, *Psicologia e formação...*, cit.

[5] Cf. RULLA, *Psicologia...*, cit.

[6] Cf. IMODA, F. *Esercizi spirituali e Psicologia:* L'altezza, la larghezza e la profondità (Ef 3,18). Roma, 1990.

[7] Cf. KIELY, B. *Psicologia e teologia morale.* Linee di convergenza. Casale Monferrato, Piemme, 1982. pp. 172-176.

Essa utilidade está ligada às próprias necessidades, mas pode ser procurada pela pessoa de maneira inconsciente, ou seja, sem que a pessoa esteja consciente nem quanto à sua necessidade, nem quanto aos mecanismos acionados para recompensá-la, nem quanto à tensão a ela ligada. Às vezes a satisfação de uma necessidade pode ser buscada diretamente, por exemplo, quando uma pessoa segue as atitudes do grupo para ser aceita socialmente. É o caso de André, disposto a servir à Igreja, mas para passar por um "bom rapaz", aceito por todos, "estimado" pelo pároco, e assim evitar qualquer crítica possível por ele entendida como uma punição.

b) Função defensiva do Eu

A função defensiva nos protege dos perigos que vêm de dentro: uma atitude é tomada com o objetivo de salvar a auto-estima, protegendo-a consciente ou inconscientemente dos perigos. A pessoa se defende do reconhecimento da verdade sobre si mesma. Nesse caso, a necessidade fundamental é a de salvar a qualquer custo a imagem positiva que fazemos de nós mesmos.

A atitude que serve à função defensiva ajuda o indivíduo a superar os próprios problemas fugindo deles em vez de enfrentá-los. Desse modo, fica difícil descobrir e corrigir a sua verdadeira causa. Raciocínios diferentes não conseguem mudar a atitude, porque faltam os meios para descobrir a verdadeira raiz. No caso de Marcelo, a pouca segurança que depositava em si mesmo poderia ser a razão da disponibilidade em dizer "sim" ao serviço prestado aos pobres.

c) Função expressiva dos valores

Além da procura da utilidade e da defesa, a atitude pode tornar-se um meio para manifestar os valores em que a pessoa acredita. Aí estamos num plano essencialmente diferente em relação aos outros, pelo fato de que há na base uma situação de verdade interior e exterior, de sintonia entre gesto e intenção.

Podemos dizer que Maria, no exemplo dado, assume essa atitude porque faz aquilo em que acredita, sem esperar recompensa ou punição ou sem defender as suas necessidades; ela assume a atitude de quem presta serviço com o objetivo de realizar valores livres e objetivos.

d) Função de conhecimento

Aqui a atitude serve para satisfazer o desejo de conhecimento de si mesmo e do mundo. É verdade que não podemos analisar todos os acontecimentos da nossa vida sem uma grade, sem um esquema que nos permita interpretar de modo mais rápido o que nos acontece, mas essa atitude serve exatamente para emoldurar todas as experiências da nossa existência.

A ambigüidade das atitudes consiste no fato de que esses quatro papéis podem sobrepor-se numa medida considerável. Com efeito, cada atitude pode ser expressão quer de adesão ao valor, quer de satisfação de uma necessidade que não está de acordo com o valor. O que é importante averiguar é se prevalecem os papéis defensivos e utilitários ou os do conhecimento e expressão do valor.

Como, afinal, conduzimos essas atitudes?

Nós nos tornamos senhores de certas atitudes no processo do nosso próprio crescimento. Como crianças, dependemos dos nossos pais e temos necessidade do seu amor. Às vezes eles nos premiam pelo bom comportamento, outras vezes nos castigam por um mau comportamento (por exemplo, deixando de demonstrar afeto).

Assim, André talvez tenha sido recompensado toda vez que fez algo de bom e castigado quando fazia confusões. Para poder encontrar sua segurança nos pais talvez tenha aprendido a comportar-se de modo que lhes causasse prazer. Esse comportamento ainda pode ser corroborado quando é recompensado toda vez que é posto em prática. Aos poucos, esse comportamento torna-se parte da pessoa que está se desenvolvendo, sem que se lembre de como o adquiriu.

Quando a criança cresce e pouco a pouco aprende a tomar conta de si mesma, ela passa a depender de outros e deve sujeitar-se à dominação deles. Essa dominação faz a criança sentir-se inferior, o que por sua vez pode criar aversão em relação ao estado de inferioridade imaginário ou real.

Assim, uma criança como Marcelo pode libertar-se da dominação dos outros julgando-se independente deles, auto-suficiente nas necessidades normais e superior aos outros na maioria das vezes, e isso consciente ou inconscientemente. Tudo isso pode levá-lo a assumir um modo de proceder extremamente competitivo.

Eficiência e eficácia apostólicas

Vimos que as nossas atitudes podem desempenhar diferentes funções e que as "boas intenções não bastam". Então, a gente se pergunta: "O que esses rapazes querem em seu apostolado?".

Naturalmente, com o passar do tempo, os jovens aprenderam a desempenhar bem o seu trabalho. Marcelo chegou a ter um conhecimento maior dos problemas das pessoas, como, por exemplo, quem ganha e quanto ganha, quem é toxicômano e quem não... André deve ter aprendido como organizar um programa, mas o conflito em que vive é tal que o tira do sério, porque outros não fazem bem o próprio trabalho. Sofia, no final do ano, terá melhor conhecimento das músicas da igreja. Em suma, todos serão muito eficientes em seu trabalho.

Entretanto, serão também eficazes? Como distinguir entre eficiência apostólica e eficácia apostólica?

Eficiência apostólica deve ser entendida no sentido comum de "fazer bem e rapidamente",[8] ao passo que o "critério de eficácia apostólica é a manifestação visível e/ou a transmissão social dos valores de Cristo".[9]

A experiência do cotidiano mostra que a perseverança no apostolado nem sempre é acompanhada por um crescimento de eficácia.[10] No apostolado, o impor-

---

[8] Ibidem, p. 122.

[9] RULLA, *Psicologia...*, cit., p. 115.

[10] Cf. ibidem.

tante é exatamente a eficácia, e não a rapidez ou a excelência com que as coisas são feitas. Uma instituição, uma empresa que lida com computadores pode ser eficiente, mas não necessariamente eficaz na transmissão dos valores de Cristo. O perigo, muitas vezes, consiste no fato de que as pessoas são reduzidas a computadores, a máquinas, e não conseguem transmitir os valores do Reino; então, é a capacidade de viver os valores cristãos que nos dispõe para a eficácia apostólica.

O desempenho de um papel e a busca de um valor

Portanto: se alguém é eficiente no apostolado, não significa que seja necessariamente também eficaz. Por que isso acontece? O que os jovens mencionados fazem em seu apostolado?

Para responder é preciso saber que o apostolado encerra desempenho de "papéis". Um papel pode ser definido como uma série de prescrições que estabelecem qual deve ser o comportamento de um membro de determinada classe social.[11] Alguns papéis são escolhidos, outros não. Assim, ser homem ou ser mulher não é algo escolhido, mas, no caso de Maria, ser professora é um papel escolhido.

---

[11] Cf. ibidem, p. 54.

O desempenho de um papel

Muitas vezes o desempenho de um papel é escolhido como fim em si mesmo. Assim, fala-se no "desempenho de um papel". Nesse caso, o indivíduo insiste decisivamente sobre o papel para encontrar um sentido de identidade, para proteger-se da insegurança e da inadaptação; a pessoa é motivada a viver bem o seu papel pela satisfação que isso dá às próprias necessidades, consciente ou inconscientemente.[12]

> Para Marcelo, empregar o seu tempo em favor das pessoas é muito importante, mesmo que tenha de sacrificar a oração: ele chama o trabalho de "oração". Queria dar um presente aos pobres aos quais dava assistência, embora isso não entrasse no balanço... Por quê? Quando não atingiu esse objetivo, irritou-se e deixou o grupo. É claro que pôr em prática o seu "papel" de salvador dos pobres oferecendo presentes de Natal era de extrema necessidade para ele. Tudo isso indica a presença de um motivo subjacente para ajudar o povo, motivo do qual talvez não tivesse consciência. Marcelo pode ter sido motivado por uma necessidade extrema de atenção, admiração, aplauso, exatamente porque tem a seu respeito uma auto-estima bastante limitada.
> Marcelo desejaria fazer "tudo", ser capaz de qualquer coisa, não ter limites, estar em condição de dar algum dinheiro a duzentas pessoas. Tem grandes idéias, fantasias de um sucesso ilimitado. Entretanto, parece ter

---

[12] Cf. ibidem, pp. 270-271.

dificuldades de relacionar-se com os outros de maneira profunda. Para Marcelo, André é um "rival". De fato, no centro dos seus interesses não está o bem-estar do povo, e sim a sua necessidade de identidade.

Aparentemente tem tudo para que os outros digam: "Ele é bem seguro de si!" porque fascina, desperta interesse, diverte, sempre tem controle das situações e consegue superar as que são embaraçosas. No entanto, olhando bem, descobre-se que por trás do sujeito esperto existe o vazio e a falta de convicção nos valores apregoados. Infelizmente, ele não gosta de si mesmo e por isso a necessidade de ser apoiado por admiradores é muito forte. Tem medo de encarar a sua solidão. Ele organiza, combate, faz uma porção de coisas, sem saber o porquê. Vive em dois níveis distintos: exteriormente o da eficiência e da defesa dos valores, e interiormente o do vazio e do medo de enfrentar a realidade.

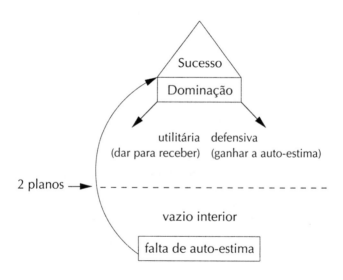

Faz as coisas não porque tenham um valor intrínseco, mas porque ele deve ser o vencedor. Assim, destacamos que a função utilitária e a função defensiva inspiram as atitudes que prevalecem nele.

E o que dizer de André? Ele põe o dever acima dos seus desejos. Ele se posiciona atrás da figura cultural de uma pessoa virtuosa, dócil e complacente: realmente é um "bom rapaz". Preza ser diligente, preza a moralidade, o comportamento convencional, enquanto a vida emocional é pouco valorizada ou até reprimida. Considera a sua raiva, os seus sentimentos hostis, o seu egoísmo, como sendo algo perigoso, já que ele desaponta as expectativas dos outros e, mais ainda, a imagem que ele gostaria de ter a respeito de si mesmo. Com efeito, ele sempre tem medo de que seja descoberta essa sua parte oculta.

Assim, em vez do zelo pela tarefa que lhe é confiada, ele trava uma batalha para viver as normas com rigidez. "Devo fazer assim." Sente-se obrigado a fazer o que é certo, justo, generoso e belo, sem conseguir colher a beleza e a bondade. Conscientemente procura a identificação com o valor, mas inconscientemente receia a punição.

É isso mesmo: estar a postos, ser ordeiro, organizado, ser eficiente é um bem, mas pode ser "defesa". Isso pode ser também uma superioridade sutil, pois ele acredita que, se se empenhar a fundo, poderá ter o controle sobre cada perigo em potencial e assim se sentirá orgulhoso em ser justo. E pensa: "O mundo é mau; eu sou bom, não sou como os outros".

Vamos considerar Sofia. Ela parece cordial, amigável, jovial e quer que o povo seja feliz. Nunca rejeita um convite dos amigos. E, além disso, não mantém a promessa feita livremente de dedicar-se ao coral, porque se envolve com muitas coisas próprias dos jovens de sua idade.

Quando André põe em evidência os erros dela, ela se zanga, como querendo dizer: "Pense nos seus atos!" Isso mostra que o seu papel de regente do coral pode ser a maneira de atrair a atenção mais para si do que de atrair as pessoas para Deus. O desempenho do papel pode tornar-se um modo de satisfazer a própria necessidade afetiva, de ser amada e seguida. Sofia pode exercer o seu papel de regente do coral para impressionar os outros, para ser considerada, ouvida, para causar admiração, para exercer fascínio.

E assim Marcelo, André e Sofia, em certo sentido desempenham o seu papel para a satisfação das suas necessidades. Entretanto, há também outra possibilidade ao desempenhar o papel e é disso que vamos falar agora.

A busca de um valor

Na busca de um valor o papel é escolhido como meio para viver os valores, que vão mais além do próprio papel. O desempenho de um papel é para servir os ideais e os valores que o transcendem e é por amor a esses ideais e valores que o papel é escolhido.

Isso significa, primeiramente, que a razão para escolher os papéis não é a satisfação que eles oferecem, mas um modo especial de conduta que se torna possível mediante o papel desempenhado. No nosso exemplo, Maria é persistente no seu esforço em cumprir os próprios ideais cristãos de oração e de ensino na catequese, sem se importar com o que os outros possam dizer ou pensar; não parece aproveitar-se do desempenho do seu papel para satisfazer às suas necessidades. Para ela, a função de professora é um modo de viver o valor do serviço ao ser prestativa para com os outros, sem a expectativa de ser recompensada pelas pessoas.

Em segundo lugar, quando há a procura do valor, depreende-se que o desempenho de um papel há de conter em si certo grau de renúncia às satisfações próprias. Dedicando o seu tempo à catequese, Maria talvez não possa ir assistir a um filme com os seu amigos ou ocupar-se com outros tipos de trabalho mais interessantes, que exigiriam disponibilidade de tempo integral.[13]

Para viver esses valores, porém, a pessoa deve ter fundamentalmente um ideal de si com valores e atitudes focadas em Deus, e um "Eu atual" com necessidades e atitudes, conscientes e inconscientes, que estejam em sintonia ou que não estejam em contraste com o Eu ideal.[14]

Consistência defensiva e consistência autêntica

Podemos reconhecer a resposta de Marcelo, André e Sofia, na prestação de serviços à Igreja, mas, como vimos, as suas motivações têm algo diferente das motivações de Maria. Essas motivações podem ser verificadas considerando a qualidade do seu serviço, a sua eficácia apostólica.

Marcelo, por exemplo, luta pelo sucesso no sentido de atingir algo difícil, para controlar e manipular o povo pelo qual trabalha, faz qualquer coisa que requeira muito esforço, rapidamente e de modo independente, a fim de superar obstáculos e alcançar um alto padrão,

---

[13] Cf. MANENTI, A. *Vivere gli ideali, fra paura e desiderio/i*. Bologna, EDB, 1988.

[14] Cf. RULLA, *Psicologia...*, cit.

a ponto de igualar-se e ultrapassar os outros. A sua ânsia é aumentar a auto-estima mediante o sucesso no uso dos próprios talentos, que também podem ser aplicados para viver uma vida de doação, mas que ele emprega para defender a sua pequena auto-estima. Contudo, esse comportamento se apresenta como fascinante para os outros e, uma vez que é socialmente aceito, é chamado de "consistência defensiva".

Quando a vida de uma pessoa for amplamente determinada por tais consistências, ela se torna passiva diante da busca de reconhecimento. É pouco provável que essa pessoa desafie os outros ou se deixe desafiar de modo que tenha de suportar conseqüências desagradáveis, que ao longo do tempo façam faltar o escopo defensivo do comportamento. Essa passividade pode limitar a eficácia vocacional.[15]

No caso de Sofia, algumas necessidades — como o exibicionismo, a dependência afetiva — podem ser importantes para ela com a finalidade de manter um conceito positivo sobre si mesma enquanto ajuda os outros. O envolvimento do campo da auto-estima dá à necessidade um tipo de força ou de solicitude que de outro modo não existiria. Ser autenticamente "consistente" não depende da aceitação social, mas da correspondência entre necessidades e valores.

E o que podemos dizer de Maria? Também ela percebe a necessidade de ser amada, de merecer a atenção dos outros e sabe receber os elogios com alegria e grati-

---

[15] Cf. Kiely, *Psicologia e teologia morale...*, cit.

dão. Sente-se inferior a Sofia, quando essa fala com uma linguagem fascinante sobre o grupo de amigos, mas aceita a limitação de não estar em condição de falar tão facilmente como Sofia e se vale disso para viver o valor da humildade.

Auto-realização e autotranscendência

Chegamos agora à quarta questão: "O que deve haver no apostolado deles?". Para responder, prestemos atenção ao que Sofia e Maria estabeleceram como meta do próprio serviço.

Sofia diz: "Quero dedicar-me ao meu serviço para fazer o melhor uso dos meus talentos"; Maria afirma: "Sacrifico-me... pelo Senhor". Em outras palavras, Sofia tem como meta a realização de si mesma e o melhor uso dos próprios recursos, ao passo que para Maria aquilo que conta é o sacrifício de si pelo Senhor, porque acredita na palavra de Jesus: "Quem quiser salvar a sua vida, vai perdê-la; mas quem perde a sua vida por causa de mim, vai encontrá-la" (Mt 16,25).

Evidentemente o ser humano tem constante inclinação para aproveitar os próprios talentos, a própria energia por objetivos que façam sentido. Alguns usam essa energia para atingir o poder por meio de atitudes de oportunismo; outros se fazem valer disso para garantir para si mesmos a tranqüilidade pessoal mediante atitudes de compromisso; outros ainda se propõem como objetivo de vida o sucesso e lutam e se sacrificam por isso. Elencamos abaixo várias máximas do nosso tempo:

• "Devo seguir tudo o que sinto, porque devo tornar-me o que já sou dentro de mim, mantendo e exaltando a mim mesmo...".

• "Já que o homem deve realizar todas as suas potencialidades, é bom o que lhe serve para essa finalidade, ao passo que é mau tudo o que dificulta a realização de si mesmo...".

Nessas máximas, a energia psíquica, no fundo, serve para enaltecer-se a si mesmo, tornando-se uma energia centrada em si a serviço de um único valor: a busca de si mesmo, em vez do serviço prestado a Deus.[16] Assim, um exibicionista como Marcelo, que diz fazer tudo pela glória de Deus, na realidade age preponderantemente para a maior glória do próprio Eu.

Devemos admitir que "nessa prática egocêntrica não está a má vontade ou a maldade do homem. Trata-se de fato da necessidade de auto-realização, encarada como fim em si mesma. Essa mudança de rota, em vez de levar à felicidade, leva à desilusão".[17] "Realização, então, quer dizer o seguinte: usar a energia psíquica, dada a cada um com a vida, a serviço dos valores vocacionais."[18]

Rulla[19] sublinha que a auto-realização é um produto da autotranscendência, e não algo que deva ser

---

[16] Cf. MANENTI. A. *Vocazione, Psicologia e Grazia*. Bologna, EDB, 1988. pp. 24-41.

[17] Ibidem, p. 27.

[18] Ibidem, p. 25.

[19] Cf. RULLA, L. M. *Antropologia da vocação cristã*. Bases interdisciplinares. São Paulo, Paulinas, 1987.

procurado diretamente. Kiely observa que "felicidade" não pode racional e logicamente ser entendida como um fim predominante em si. É verdade que a realização de um programa de vida torna a pessoa feliz; contudo, não se pode reduzir a finalidade de um programa de vida simplesmente à felicidade.

> Fazer da própria felicidade ou realização o fim da própria vida significaria subjugar todas as outras pessoas, causas, objetos da vida à própria felicidade ou realização de si e isso seria, sem sombra de dúvida, desumano. Fazer da realização pessoal a nota dominante da própria vida, pela qual lutar diretamente, significaria subordinar até mesmo Deus à própria felicidade.[20]

Uma pessoa que tem como meta final a auto-realização está centrada em si mesma e é incapaz de ter um verdadeiro relacionamento com os outros, porque se aproveita deles para ela mesma ser reconhecida. Sofia emprega os seus talentos musicais principalmente para chamar a atenção sobre si mesma. É um egoísmo mascarado e vai contra a essência da vocação cristã de ultrapassar a si mesma pelos valores de Cristo.

De fato, fomos criados à imagem e semelhança de Deus para conhecer, amar e servir o nosso Criador (cf. GS, 12); isso implica que somos criados para transcender a nós mesmos no amor a ele. Com efeito, há em nós uma capacidade ilimitada de autotranscendência, porém, experimentamos as limitações inconscientes do nosso sis-

---

[20] Cf. KIELY, *Psicologia e teologia morale...*, cit.

tema motivacional, que reduzem a nossa liberdade real de resposta a Deus.[21] Daí se segue que a auto-realização não pode ser um fim em si mesma, nem no nosso apostolado. Só mesmo quando vamos além de nós mesmos, realmente damos fruto no nosso apostolado por Cristo.

Isso no que nos diz respeito, porque Deus escreve certo por nossas linhas tortas. Mas, de nossa parte, quando nos dedicamos a transformar obstáculos e limitações conscientes e inconscientes, tornamo-nos mais transparentes à graça de Deus.

Como chegar à eficácia apostólica

Tendo tomado em consideração vários fatores que influem na eficácia apostólica, vejamos como nos é possível ajudar os jovens.

Quem podemos propor como modelo a imitar a não ser Jesus Cristo, nosso Senhor, o Apóstolo do Pai? O termo "apóstolo" indica "um enviado de Deus".[22] A teologia do apostolado pode ser sintetizada nas palavras: "Como o Pai me enviou, também eu os envio" (Jo 20,21).

O cardeal Martini[23] enfatiza que Jesus tinha o senso de missão e a mentalidade de alguém que foi enviado; ele se apresenta como quem olha para a frente, para o traba-

---

[21] Cf. RULLA, *Antropologia...*, cit.

[22] MARTINI, C. M. Jesus apostle of the Father according to the Gospel of St. John. In: *Women religious in the service of New Humanity*. Bangalore, s.n., 1984. p. 37.

[23] Cf. ibidem, pp. 33-35.

lho que deve ser realizado, para o plano, para a tarefa em que se empenha, como um homem totalmente envolvido na ação e constantemente atento ao mistério de Deus.

Ele teve a tranqüilidade de quem tem consciência de que não está fazendo uma escolha, mas sim obedecendo a uma ordem recebida: tem uma paz profunda, coragem na adversidade e perseverança. A ansiedade que deriva de questões como: "Estamos fazendo o que deve ser feito?", "É o melhor projeto?", é eliminada porque tudo, envolto em muita paz, refere-se ao Pai de quem é recebida a missão.

Entretanto, de onde provém a ansiedade que experimentamos quando fazemos planos para o nosso futuro e nos esforçamos para superar situações difíceis? Imoda faz notar que a raiz da ansiedade humana se encontra nas divisões existentes no coração humano, fundadas sobre impulsos que constantemente se inclinam para:

- insegurança e dúvida sobre si e sobre seu próprio valor, com incapacidade de decidir, e possíveis conseqüências de ceticismo e indiferença;
- excessiva e não controlada necessidade de dependência dos outros para um amparo afetivo e para a própria segurança;
- medo da perda da auto-imagem ou da fama, a ponto de atingir a pusilanimidade;
- ambição descontrolada como reação a um complexo de inferioridade;
- apoio exagerado no poder material ou no sucesso como compensação de um sentido de vazio espiritual;
- ressentimento unido a uma sensação de privação, sobretudo na comparação com outros que parecem mais dotados ou afortunados;

- tendência a dominar os outros e as situações para afirmar o próprio valor e superioridade.[24]

Essas forças que se debatem dentro do nosso coração criam uma ansiedade que deve ser transportada à consciência. Há um lado emotivo em nós que fica escondido e quer fazer-nos fugir da nossa responsabilidade: é preciso nos reapropriarmos dela e aceitá-la. Esse processo pode ser facilitado pela ajuda de um interlocutor e significa uma longa viagem.

Além disso, se essa ansiedade humana não for encarada, será difícil encarar a verdadeira luta cristã.[25]

É pelo fato de estarmos diante do Deus vivo, face a face, que podemos compreender qual é a missão para a qual o Pai nos enviou. Para discernir a vontade de Deus temos necessidade de uma escuta que só pode provir de um verdadeiro silêncio. Isso significa que os jovens têm necessidade de serem guiados, para realmente entrar em contato com o seu mundo interior; precisam de um apoio para rezar; têm necessidade de serem libertos das suas ansiedades e incertezas. Estamos preparados para acompanhá-los no apostolado?

Do que vimos até agora, podemos concluir que um autêntico e profundo senso da missão leva a um real

---

[24] IMODA, *Esercizi...*, cit., p. 33.

[25] "[...] A luta cristã, eis a ansiedade do cristão que está no âmago da vida como escolha e como vocação. Nessa luta, os atores do drama, são Deus e o homem face a face, em um encontro-desencontro em que livremente o homem, já tomado pelo amor de Deus, aceita não vencer, ser desafiado, morrer para si mesmo, e se disponibiliza, na esperança, para o Deus vivo" (ibidem, p. 31).

direcionamento para o valor. Em outros termos, "toda atividade, de qualquer natureza, deve ser empregada como um meio para exprimir e realizar valores que a transcendem e em vista dos quais foi escolhida".[26] A procura dos valores não é conseqüência automática do fato de desempenhar um papel. Não basta empreender uma nova atividade. É preciso vivê-la em profundidade. Muitas vezes um papel a desempenhar tornar-se uma maneira de preencher um vazio interior. O que conta não é "o que fazer", mas "por que fazer".

O chamado para viver a autotranscendência implica adotarmos algumas atitudes em nosso apostolado: humildade, amor e renúncia por causa do Reino.

Humildade

Em nosso trabalho precisamos confiar em Deus, mas como se todo o sucesso dependesse de nós mesmos e não de Deus; dinamizar toda energia e toda ação por essa causa, conscientes, porém, de que é só Deus quem faz tudo. De fato, a verdadeira humildade rejeita tanto a humilhação no sentido masoquista, como a auto-suficiência.[27]

A pessoa realmente humilde reconhece que tem talentos e faz uso deles como dons do Criador para proveito de todos; já a pessoa orgulhosa usa os seus talen-

---

[26] MANENTI, *Vocazione... op. cit.*, p. 29.

[27] Cf. ibidem.

tos como propriedade privada. Não basta descobrir os nossos talentos, mas após termos usado as qualidades pessoais, permanece a tarefa de "sujeitar à própria sorte" a nossa auto-imagem para sermos autênticas testemunhas das "suas boas obras". Isso implica trabalharmos para a glória de Deus e não para agradarmos aos outros, ou para sermos elogiados ou vivermos em superioridade em relação aos outros.[28] Recordemos, a propósito, o trecho do Evangelho (Mc 10,35-38) no qual Tiago e João pedem a Jesus que os deixe sentar um à direita e outro à esquerda dele na glória e Jesus responde, dizendo: "Vocês não sabem o que estão pedindo". Um sentido de perfeição é procurado por todo homem, e somos obrigados a lutar pela perfeição usando os dons que Deus nos deu, mas não à maneira infantil, como na competição interpessoal dos discípulos.[29]

Em vez de querer provar que sou melhor do que os outros, posso empenhar-me para que "hoje" eu seja melhor do que ontem. Para tanto, precisamos nos entregar confiantemente à graça e à misericórdia de Deus: o que requer humildade. E humildade, por um lado, significa recusar a atitude do "eu sei tudo", de super-homem, de auto-suficiente. Por outro lado, há também outro modo de autogerir-se, isto é, desvalorizando-se, fechando-se passivamente, entregando os pontos, administrando a inferioridade, os erros etc., e ainda que-

---

[28] Cf. Paone, A. *My life with Christ*. Spiritual meditation for the modern reader. New Delhi, s.n., 1984.

[29] Cf. Manenti, *Vocazione...*, cit.

rendo libertar-se dos compromissos, considerando-se um nada, enterrando os próprios talentos. Ambos os modos de auto gerir-se não são humildade, e sim falta de eficácia apostólica. Nem a auto-suficiência pela qual somos capazes de tudo, nem a humilhação que nos faz sentirnos incapazes ajudam a sujeitar à própria sorte a nossa auto-imagem.

A tendência dos jovens é ser "dependentes" de seus orientadores para suas decisões pessoais ou a de se apresentar com "auto-suficiência", andando sem rumo e sem guia. Ao mesmo tempo, a mensagem tácita por parte do guia pode provocar dependência, dando a entender que para qualquer coisinha os jovens devem consultar o guia ou então estimular a auto-suficiência. O que precisamos promover realmente é a interdependência em oposição à dependência/independência. Nesse último modo de autogerir-se, a autotranscendência fica excluída, e assim a pessoa jamais terá o gosto de vê-la realizada.

Amor

A esta altura devo recordar que as necessidades estão presentes em cada um de nós, especialmente a necessidade de afeto. Essa necessidade dá energia, impulso para sairmos de nós mesmos e nos entregarmos de maneira desinteressada, sem pretensão de receber.

No entanto, já revelamos como essa necessidade é transformada com freqüência em amor interesseiro, com o objetivo subconsciente de receber afeto, ser estimado, parecer corajoso. Ao dar amor, somos motivados pela necessidade de receber afeto, e aparece o ciúme, a tendência de possuir a pessoa pela prática egocêntrica; a outra pessoa transforma-se em objeto de satisfação e de identificação, porque na base falta a autêntica auto-estima. Um relacionamento verdadeiro não domina o outro, não o submete, mas lhe dá maior liberdade de ser ele mesmo.

Também no Evangelho o contraste entre o amor e o poder vem à tona em João 12,1-8. Maria, levando quase meio litro de perfume de nardo puro e muito caro, unge os pés de Jesus e os enxuga com seus cabelos, realizando um gesto de verdadeiro amor por Jesus, enquanto Judas Iscariotes diz: "Por que esse perfume não foi vendido por trezentas moedas de prata, para dar aos pobres?". Ele, porém, não era motivado pelo amor aos pobres; havia, sim, motivações sutis para atingir o poder, mascaradas pela preocupação superficial em favor dos pobres.

"Quem dá sem esperar receber, ganha o cêntuplo, precisamente porque não quer nada em troca. Os valores religiosos tornam-se assim o manancial do ministério."[30] A pessoa movida pelo verdadeiro amor é capaz de transformar esses valores em atitudes de empatia, respeito, solicitude, autenticidade, amor verdadeiro. "Empatia" significa pôr-se no lugar dos outros e ao mesmo tempo permanecer sendo o que se é; por exemplo, mesmo amando eu posso criticar. Tenho "respeito" enquanto digo ao outro que os seus sentimentos e as suas

---

[30] Ibidem, p. 93.

experiências são dignos de consideração e reconheço nele uma capacidade de agir de maneira construtiva, seja uma pessoa rica ou pobre, com muitos ou poucos talentos. "Solicitude" significa considerar os sentimentos de outrem, sem subestimá-los. "Autenticidade" quer dizer ser honesto na expressão. O "amor verdadeiro", o amor oblativo, não espera recompensa: continuo a trabalhar pelos pobres ainda que eles não me digam nem "muito obrigado". Se Deus derramou em mim todo o seu amor, não tenho necessidade de fazer valer sobre os outros os meus direitos e os meus interesses. Outro aspecto do amor é o perdão, que é muito importante no apostolado. Às vezes não aceitamos ser ofendidos; é preciso reconhecer realisticamente que fomos atingidos por um mal. O perdão não consiste em não ficar com ressentimentos, mas significa não transformar o ressentimento em vingança.[31]

Renúncia pelo Reino

Já recordamos que, se quisermos ser apostolicamente eficazes, devemos abster-nos da satisfação das necessidades que não correspondem aos valores vocacionais.

Isso significa que a renúncia é um elemento integrante da vida conforme os valores vocacionais. Com efeito, cada escolha que realizamos em nossa vida é também uma renúncia, pois quando escolhemos qualquer coisa, concomitantemente deixamos de escolher

---

[31] Cf. ibidem.

outras. Quando escolhemos viver segundo os valores, renunciamos à satisfação de certas necessidades que destoam dos valores objetivos revelados.

Contudo, quando as necessidades são inconscientes, não parecerá claro para a pessoa o que está acontecendo, e as próprias necessidades oporão muita resistência ao se tornarem conscientes, levando assim, a emoções fastidiosas de frustração, porque a pessoa projeta falsas esperanças. E mais: deixar de lado essas falsas esperanças é extremamente difícil, porque o indivíduo não compreende o que está lhe acontecendo e se opõe à experiência de frustração. Isso leva a expectativas ainda menos realísticas, que se transformam em ponto central das preocupações da pessoa. A frustração inevitável aumentará e se estabelecerá um círculo vicioso de dificuldade crescente. Isso poderá levar a permanecer na própria vocação sem maiores compromissos ou pode levar até mesmo a abandoná-la.

Damos um exemplo: Marcelo tinha a expectativa de ver realizados os seus grandes ideais por causa do complexo de inferioridade. Ao não ser seguido, sentiu-se frustrado, e isso o fez sentir-se ainda mais inferiorizado, e para ocultar tudo isso sugeriu presentes de valor exagerado e como desfecho desistiu de qualquer tipo de colaboração na Igreja.

O trabalho de renúncia às falsas expectativas não é muito fácil e aprender essa arte requer um alto grau de maturidade. Os jovens, embora não apenas eles, experimentam uma força contrária entre o que gostariam de ter e o que não conseguem ter ou não têm. A tendência atual é na direção do curto-circuito dessa tensão, na busca imediata de bem-estar do corpo — bem-estar físico, sexo, consumismo —, para sentir-se no completo controle do próprio bem-estar. Chegando aos extremos, a droga pode ser usada para atingir um estado de "liberdade" perante a ansiedade. De outro modo, a violência exercida sobre os outros ou uma exagerada dependência ou o conhecimento como auto-suficiência podem ser pseudo-soluções para as limitações que experimentamos. Não são soluções cristãs, porque não trazem uma escolha voluntária pela renúncia.[32] "Esse conflito pela renúncia é fonte de sofrimento, sofrimento que de maneiras diversas sempre nos acompanha na nossa peregrinação de fé nesta terra."[33]

---

[32] Cf. KIELY, *Psicologia...*, cit.

[33] RULLA, *Antropologia...*, cit.

Os nossos sofrimentos têm vários significados e funções no sentido positivo:

• despertar o estímulo para a procura ou para uma volta a uma conduta correta;

• promover o desenvolvimento da liberdade da pessoa, no sentido de aceitar a dedicação vocacional livremente e não de modo automático;

• fazer-nos participar nos sofrimentos dos membros do Corpo místico de Cristo na doação de amor.

De qualquer modo, o sofrimento não é um fim em si mesmo, mas uma fonte de alegria enquanto prepara para a glória da ressurreição de Cristo.[34]

Conclusão

Em cada um de nós há uma energia extremamente preciosa para amar, para fazer crescer um entusiasmo pelas coisas, para esquecermos de nós mesmos e nos doarmos aos outros; para sermos capazes de prestar um bom serviço; para, de modo criativo, darmos vida ao que é significativo.[35] Ao mesmo tempo, porém, podemos desviar essa energia: podemos amar e procurar realização, de modo egoístico e destrutivo.

---

[34] Cf. ibidem.

[35] Cf. CENCINI, A. *Amerai il Signore Dio Tuo*. Psicologia dell'incontro. Bologna, EDB,1986.

Essa energia não é algo que se ganha ou se adquire. Ela precisa ser "recuperada". Não é preciso procurá-la fora de nós mesmos — na estima que os outros nutrem por nós ou em circunstâncias de reconhecimentos e sucesso; devemos procurá-la dentro de nós mesmos, naquilo que é parte essencial da nossa identidade humana e cristã.

Alguém que compreendeu o sentido de si mesmo, tem suficiente auto-estima e pouca necessidade de reconhecimento que vem dos outros, como apreço, ou de reconhecimento no apostolado. Do ponto de vista cristão, essa auto-estima ganha uma nova e valiosa confirmação: ter consciência de ter sido criado à imagem e semelhança de Deus, que é a maior garantia de uma positividade que está inscrita profundamente em nosso ser desde o início de nossa história.

Não há nada mais belo do que colocar os nossos dons a serviço dos outros. Recebemos gratuitamente, e assim gratuitamente devemos dar (cf. Mt 10,8). Tudo o que temos é dom do Senhor: seria absurdo e mesquinho vangloriar-se (cf. 1Cor 4,7).

Sermos apóstolos significa fundamentalmente deixar-nos guiar por Deus, porque não conhecemos o caminho. Só mesmo se admitirmos essa pobreza radical poderemos mostrar o caminho para os outros por meio do nosso humilde e desprendido serviço de realização do mandamento divino: "Portanto, vão e façam com que todos os povos se tornem meus discípulos, batizando-os em nome do Pai, e do Filho e do Espírito Santo" (Mt 28,19).

6. ORIENTAÇÃO ESPIRITUAL E FORMAÇÃO PERMANENTE

R. Lamba

Introdução

Estamos na última das reflexões sobre o tema da vocação, com especial atenção voltada aos seus aspectos psicológicos nos jovens entre vinte e trinta anos de idade. Nas reflexões anteriores foram analisados os temas fundamentais da pastoral vocacional, como a formação para os valores religiosos, para os valores morais, para a pobreza, para a obediência, para a maturidade afetiva, para a castidade, para o serviço e para o apostolado. A presente reflexão tem como objetivo oferecer, partindo do que está à tona, algumas diretrizes práticas que possam ser úteis àqueles que são chamados pela Igreja para trabalhar no campo da formação, desenvolvendo um "trabalho difícil e oculto, contudo, de grande valor, a partir do momento em que garante sempre uma força vital para a própria Igreja".[1]

---

[1] Moreira Neves, L. La formazione dei sacerdoti, relazione al sinodo dei vescovi 1990. In: *Il Regno Documenti* 21 (1990) 663.

O método que seguiremos será o de propor-nos algumas perguntas às quais daremos respostas que, obviamente, não serão exaustivas nem conclusivas para um tema tão amplo como o da "formação", ao qual a Igreja já dedicou uma profunda reflexão, como comprovam os numerosos documentos publicados nos últimos vinte e cinco anos.[2]

A "necessidade" da formação

Uma primeira questão à qual parece oportuno responder diz respeito à "necessidade" da formação para quem está deixando amadurecer ou já amadureceu uma escolha vocacional, qualquer que seja: sacerdotal, matrimonial, religiosa, de compromisso no mundo numa forma especial de consagração. A importância dessa questão consiste no fato de que, não raro, mesmo em ambiente de formação, está difundida a idéia de que as "pessoas são basicamente boas, livres e maduras, sendo que caminham na busca dos valores espontaneamente e, se há problemas, encontrarão uma solução natural com o tempo e a atividade pastoral". A experiência recorrente nos mostra, porém, que a realidade é bem mais complexa do que parece sugerir tão amplo otimismo sobre a espontânea e natural tendência do homem a viver em conformidade com os valores objetivos.

---

[2] Basta pensar nas *Orientações sobre a formação nos institutos religiosos,* da Congregação para os Institutos de Vida Consagrada e as Sociedades de Vida Apostólica, de 2 de fevereiro de 1990; e no Sínodo dos bispos de 1990 sobre *A formação dos sacerdotes nas circunstâncias atuais.*

Para responder a essa questão devemos distinguir e analisar separadamente dois aspectos do problema:

a) a necessidade da formação *enquanto tal;*

b) a necessidade da formação *hoje.*

a) A necessidade da formação "enquanto tal"

Santo Tomás de Aquino inicia a *Summa Theologiae* colocando esta questão: "se além das disciplinas teológicas haveria a necessidade de admitir outra ciência" e ele responde afirmativamente, de modo bem claro, com base em duas razões, dizendo que "seria necessário para a salvação do homem que, além das disciplinas filosóficas de análise racional, houvesse outra doutrina proveniente da divina revelação".[3]

De modo análogo podemos nos perguntar "se, além de uma reflexão pessoal sobre a vocação, é necessário que as pessoas, quando se sentem chamadas por Deus para fazer uma escolha especial de vida, tomem também um caminho de formação". A nossa resposta é afirmativa por duas razões, que apresentam significativas analogias com o que diz santo Tomás, na *Summa Theologiae,* ao discorrer sobre a necessidade da doutrina sagrada para a salvação do ser humano.

Em primeiro lugar, quando o ser humano percebe que é chamado por Deus para fazer a opção por determinado estado de vida, qualquer que seja, é conduzido

---

[3] TOMÁS DE AQUINO. *S. Th.* I, q. 1, a . 1.

a um fim que vai bem além da reflexão que ele mesmo pode fazer pessoalmente sobre o estado de vida escolhido. É preciso, portanto, que o ser humano, em um processo formativo, seja ajudado a conhecer os valores objetivos da revelação que caracterizam esse estado de vida de modo a poder dirigir suas próprias intenções e ações ao fim para o qual foi destinado.

Em segundo lugar, uma adequada correspondência à vocação recebida, alcançada com base unicamente no esforço e na reflexão pessoal, é algo que se torna viável para poucos — leva muito tempo e comete-se muitos erros, o que torna fatigante e vagarosa a resposta vocacional. É necessário, portanto, também por essa razão, que a pessoa, quando percebe que é chamada por Deus para escolher determinado estado de vida, entre num estado de formação para pessoalmente conhecer e enfrentar, com a ajuda indispensável da graça, até mesmo tudo aquilo que consciente e inconscientemente torna difícil a interiorização dos valores objetivos revelados e específicos de determinado estado de vida. Desse modo, a pessoa estará sempre mais livre e disposta para viver os valores de Cristo, por amor, como ele fez.

b) A necessidade da formação "hoje"

A necessidade de que aquele que está deixando amadurecer ou já deixou amadurecer uma escolha vocacional passe a fazer parte de um processo de formação é ainda mais evidente nas atuais circunstâncias, porque hoje, mais do que no passado, o exercício de qualquer ministério requer, por parte de quem o exerce, maior competência e maior senso de responsabilidade pessoal, que são a expressão do fato de que a pessoa assumiu como seus os valores apregoados, ou seja, a pessoa realmente vive aquilo em que crê. Diversos são os fatores[4] que justificam tal expectativa:

• o crescente senso da dignidade do ser humano, criado à imagem e semelhança de Deus;

• o sempre mais difundido espírito de colaboração e de co-responsabilidade nas estruturas humanas e na Igreja;

• a tentação por parte de alguns a deixar de assumir as próprias responsabilidades, pelo que, em vez de buscar um progresso na realização de si mesmos, buscam fenômenos de alienação;[5]

• a passagem de uma cultura prevalentemente normativo-dedutiva para uma prevalentemente existencial-indutiva;

• a tendência para uma cultura ultra-especializada pela maior complexidade dos problemas a serem estudados;

• a crise das estruturas tradicionais (família, escola) que eram propícias para uma comunicação por osmose e verificavam de modo bem próximo a assimilação dos valores transmitidos de uma geração para outra;

---

[4] Cf. RULLA, L. M. *Anthropology of the Cristian Vocation. I.* Interdisciplinary Bases. Roma, s. n., 1986. pp. 415-422, 430-433 (Ed. bras. *Antropologia da vocação cristã.* Bases interdisciplinares. São Paulo, Paulinas, 1987).

[5] JOÃO PAULO II. Discorso del 27 gennaio 1991 ai Giudici della Rota Romana. In: *L'Osservatore Romano* de 28-29 de janeiro de 1991.

• a difusão de uma visão imanentista e hedonista da vida, que é uma redução da visão integral do ser humano e que leva à escravidão das ideologias e à vida em estruturas limitativas e freqüentemente opressivas;[6]

• a ampliação dos espaços de liberdade de escolha com relação à formação, até chegar a um culto da liberdade sem limites;

• a rapidez da comunicação por meio da mídia, com um impacto dramático da informação sobre o lado emocional, consciente e inconsciente, o qual, porém, não se compagina com a possibilidade de as pessoas terem um tempo propício de silêncio para refletir, decidir e agir com base nos valores objetivos autotranscendentes apregoados;

• uma acentuada ambigüidade com relação às escolhas concretas a fazer, o que provoca crescimento da tendência de buscar soluções "imediatas" para os problemas no consenso ou na condição assumida por pessoas ou grupos "carismáticos".

Tudo isso não pode levar a lamentar de modo infantil os tempos passados, que se caracterizam por problemas não menos graves, mas representa um apelo para a necessidade da formação a fim de contribuir para que as pessoas sejam ajudadas a ser sempre mais livres e dispostas a viver conforme os valores objetivos autotranscendentes, até mesmo diante da mudança das culturas e das condições de vida social.

---

[6] Cf. ibidem.

Uma última consideração para responder à questão sobre a necessidade da formação e de que ela continue por toda a vida nos é transmitida pela contemplação do modelo apostólico. O próprio Jesus Cristo percebeu a importância de formar os seus apóstolos e o fez pessoalmente, empregando o melhor de suas energias durante os três anos de vida pública; mesmo depois da sua ascensão ao céu ele quis continuar a "formação" dos seus apóstolos, porque "enviou o Espírito Santo, primeiro dom aos fiéis, para santificar todas as coisas, levando à plenitude a sua obra".[7]

Assim, podemos encontrar no próprio Cristo o princípio e o fundamento de todo compromisso no campo da formação e a necessidade de que ela não só ocupe um tempo importante nos primeiros passos do discernimento e da escolha vocacional, mas que se estenda por toda a vida. É o que hoje chamamos "formação permanente". Os primeiros a fazer a experiência de tudo isso somos nós mesmos. Se estamos refletindo sobre esse tema é porque em nossa vida recebemos a graça de termos sido ajudados pessoalmente e de estarmos sendo ajudados também atualmente para crescer como ser humano, como cristãos e como pessoas consagradas, em meio a um processo de formação permanente da qual esta reflexão não representa mais que uma das possíveis expressões concretas.

---

[7] *Prefácio da Oração eucarística IV.*

O sujeito da formação

Tendo respondido afirmativamente àquela que parecia uma questão prévia para esta reflexão, perguntemo-nos agora: *Quem é o sujeito da formação? Quem deve ser formado?*

Para responder de modo adequado a essas perguntas, é oportuno fazer referência a alguns pressupostos de antropologia já apresentados, de modo mais exaustivo e explícito nas matérias anteriores, mas pode ser útil recordá-los. Distinguiremos dois aspectos:

a) um primeiro aspecto diz respeito à pessoa *enquanto tal,* isto é, enquanto dotada de natureza humana;

b) um segundo aspecto diz respeito à pessoa *na sua unicidade e irrepetibilidade,* quer dizer, é a Francisca que vai pedir ajuda ao pároco para viver plenamente a sua vocação para o casamento e o Paulo que se apresenta numa casa de formação monástica e pede para ser ajudado a discernir a própria vocação para poder corresponder plenamente a ela.

a) A pessoa *enquanto tal* se distingue pela presença de duas realidades antropológicas.[8]

• De um lado há a *potencialidade* de autotransformar-se teocentricamente, ou seja, de ir sistematicamente além de si mesmo na procura do que é verdadei-

---

[8] Cf. Rulla, *Anthropology...,* cit., p. 11.

ro e bom. Na busca do amor, para atingir a Deus como horizonte último da própria existência.

Era o que viviam vários jovens cuja história foi anteriormente apresentada, por exemplo, Ângela, a enfermeira; Marcelo, o assistente social; Sofia, a guia turística: André, o contabilista de banco; Maria, a professora de segundo grau, e também muitos exemplos concretos que foram dados. Em todos havia esse anseio de ultrapassar-se a si mesmos.

Essa potencialidade de ultrapassar-se para descobrir o significado último da vida em Deus obriga o homem a confrontar-se com os valores objetivos autotranscendentes, isto é, com os valores morais e religiosos, mas se concretiza apenas pela intervenção do "Amor de Deus que foi derramado em nossos corações pelo Espírito Santo que nos foi dado" (Rm 5,5).

• Por outro lado, há *limitações* diversas da liberdade efetiva nesse caminho de autotranscendência teocêntrica.

Algumas dessas limitações devem-se ao fato de que conscientemente o homem com plena advertência e consentimento deliberado escolhe não adequar a própria vida aos valores objetivos autotranscendentes, no sentido do amor de Deus e dos irmãos pela imitação de Cristo. É a condição do pecado que se contrapõe àquela virtude.

Consideramos a esse respeito um sacerdote, como o padre Lourenço, que não reconhece no papa e nos bispos, seus colaboradores, as pessoas que transmitem com autoridade a vontade de Deus em matéria de fé e de moral e, em plena consciência, ensina ou faz escolhas dissonantes em relação a esse Magistério que tem autoridade, desobedecendo, portanto, a Cristo. Por exemplo, no que diz respeito à doutrina católica sobre a contracepção como método para regular a fertilidade; ou então, uma religiosa, irmã Clara, que conscientemente fica com doações em dinheiro, ainda que pequenas, as quais ela sabe que deveria depositar na caixa da sua comunidade; ou então, Antônio, que, embora engajado na paróquia, tem um relacionamento amoroso extraconjugal.

Há ainda a situação da pessoa que não consegue viver em paz e de maneira satisfatoriamente estável o relacionamento consigo mesma, com os outros e com a própria ocupação: é a condição psicopatológica que se contrapõe à normalidade, embora exista um *continuum* entre os distúrbios leves da personalidade sem desestruturação do *Self* e as autênticas formas psicopáticas em que se verifica uma desestruturação do *Self*. Em maior ou menor grau, direta ou indiretamente, os distúrbios concernentes à capacidade de viver os valores naturais limitam a liberdade efetiva de autotranscendência teocêntrica.

Por exemplo, as personalidades "instáveis" como no caso do irmão Leonardo, que tem necessidade de mudar continuamente de amizades, que inicia um ministério apostólico entre os idosos e depois o abandona na metade do ano para animar um grupo missionário, que ele também larga após três meses, e assim por diante; que pede para mudar de convento porque nele há pouco recolhimento e, depois de um ano, vai falar com o Provincial, queixando-se de que o convento em que está atualmente é excessivamente rígido nos horários. Há também o caso de pessoas muito depressivas como Teresa, dezoito anos de idade, filha de pais que se separaram quando ela tinha oito anos, que cresceu praticamente sozinha, pois a avó paterna faleceu um pouco mais tarde; assim ela se refugia na bebida e até tenta o suicídio depois de ter sido abandonada pelo namorado.

É claro que tanto Leonardo como Teresa encontrarão grandes dificuldades para viver de modo estável e satisfatório os valores autotranscendentes.

Contudo, mesmo no caminho da autotranscendência teocêntrica há limitações que não estão relacionadas nem com uma opção pelo pecado nem com uma situação psicopatológica. Com efeito, qualquer pessoa constata que uma parte dela mesma (aquela que dá abertura para o Infinito), por meio dos valores, tende para o que é "importante em si", ao passo que outra parte (aquela que caracteriza a pessoa como ser finito), mediante a satisfação de algumas necessidades[9] — que acabam se tornando ambíguas para a autotranscendência teocêntrica — tende para o que é "importante para si mesma". E assim o ser humano "está dividido em si mesmo e provoca [...] as muitas discórdias que assolam a sociedade".[10]

Esse conflito dialético é algo ontológico, que faz parte da própria natureza humana, ou seja, já está presente no homem antes mesmo do pecado original. Com a concupiscência, que vem do pecado original e, mes-

---

[9] Cf. ibidem, Appendix B, pp. 465-467.

[10] *Gaudium et spes*, 10.

mo não sendo pecado, faz tender para o pecado,[11] cresceu a ambigüidade das necessidades no que diz respeito à autotranscendência teocêntrica. Se tais necessidades forem satisfeitas, aumenta o conflito dialético com uma exigência adicional de satisfazer as necessidades que levam ao que é "importante em si mesmo". Assim se instaura um círculo vicioso pelo qual o ser humano, embora defenda conscientemente certos valores, continua de boa-fé cometendo erros não culpáveis: procura um consolo imediato para o conflito dialético mediante a satisfação de necessidades que, entretanto, exatamente porque são ambíguas para a autotranscendência teocêntrica, no momento em que são satisfeitas produzem um posterior aumento de tensão. As atividades que se seguem não serão, por isso, um bem real, mas apenas um bem aparente, e preferencialmente, poder-se-á falar de autotranscendência egocêntrica ou, no máximo, social-filantrópica, não porém de autotranscendência teocêntrica, que é o fim para o qual o ser humano foi criado.

Tudo isso acontece sem que a pessoa tenha consciência da necessidade que está satisfazendo, nem da tensão com ela relacionada nem dos mecanismos acionados para procurar fazer frente a essa tensão.[12] O fato de tudo isso acontecer inconscientemente faz com que a pessoa viva uma situação de crescente desarmonia e

---

[11] Cf. Denzinger & Schönmetzer. *Enchiridion Symbolorum, Definitionun et Declarationum de rebus fedei et morum*. 32. ed. S. l., Herder, 1963. 1515.

[12] Rulla, L. M. *Depth Psychology and Vocation*. Roma, s.n., 1983. p. 60.

que sobrevenha com o tempo o distúrbio, seja quanto ao processo de discernimento (a compreensão dos valores objetivos autotranscendentes, a sua valorização quanto ao conteúdo e à capacidade de exercer uma atração), seja quanto à disposição de fazer a escolha do estado de vida e de vivê-lo concretamente, adotando como critério do agir, os valores relacionados ao estado de vida escolhido; dessa forma fica reduzida e limitada a liberdade efetiva da pessoa em autotranscender-se teocentricamente por amor, como Cristo fez.[13]

Um exemplo concreto pode ser útil para compreender essa dimensão da personalidade, presente em maior ou menor medida em todos os seres humanos, religiosos ou leigos, com vinte ou quarenta anos de idade, quer sejam brasileiros, italianos, americanos ou iraquianos.

Lembram-se de Ângela, de quem falou irmã Eva Maria Zierl no primeiro capítulo? Um dos ângulos mais importantes da complexa psicodinâmica de Ângela era representado pela necessidade de ser amada e benquista, o que ela procurava satisfazer especialmente no seu círculo de amigos. O medo de perder o reconhecimento afetivo que os amigos lhe davam fazia com que ela quase nunca conseguisse dizer *não* aos convites, ainda que tivesse feito o firme propósito de dedicar aquele tempo à oração; além disso, toda vez que pensava sobre a possibilidade de tornar-se freira, instintivamente, imaginava uma possível reação de incompreensão ou

---

[13] Cf. idem, *Anthropology...*, cit.

desaprovação por parte dos amigos e, desse modo, tornava-se hesitante quanto à escolha vocacional. Ângela tirava certa vantagem do fato de permanecer dependente desse círculo de amigos, porque a elogiavam e a estimavam, e ela sentia-se no centro das atenções, mas com o passar do tempo foi ficando mais triste. À noite, voltando para casa, experimentava um vazio e por mais de uma vez chorou antes de dormir. Para desfazer essa tensão, Ângela buscava mais afetos dos amigos, acentuando, assim, um círculo vicioso que ia tornando cada vez mais fatigante e lento para ela o autotranscender-se teocentricamente.

Tudo isso acontecia sem que ela tomasse consciência da necessidade que estava satisfazendo, nem da tensão relacionada com tal necessidade dissonante nem dos mecanismos praticados para defender-se. Na realidade, de um lado resultava uma tristeza cada vez maior pelo fato de que as manifestações de afeto dos amigos só eram bem-sucedidas por pouco tempo, para atenuar a insatisfação sentida; além disso, uma percepção alterada dos valores vocacionais, uma avaliação modificada dos próprios valores quanto ao seu conteúdo e à sua capacidade de exercer atração, em relação ao período em que estava bem próxima das irmãs, uma lentidão em decidir ingressar na vida consagrada e viver concretamente, tendo como critério do agir pessoal os valores relacionados com o estado de vida religiosa. Disso resultava uma limitação, embora não uma destruição da sua efetiva liberdade em autotranscender-se teocentricamente por amor, como Cristo mesmo havia feito.

Como se vê, Ângela é um dos muitos exemplos que podem ser apresentados quanto à limitação da liberdade de autotranscendência teocêntrica, mesmo não havendo nenhuma escolha consciente de cometer o pecado nem um estado de psicopatologia. Em tais casos é oportuno falar de formas de imaturidade das quais a pessoa não está consciente, mas que provocam crescente insatisfação e redução em maior ou menor medida da liberdade de interiorizar os valores objetivos e, portanto, de autotranscender-se teocentricamente por amor com disponibilidade, como Cristo fez.

No caso concreto de Ângela, isso significa um atraso ou uma renúncia a decidir-se quanto à escolha vocacional. Em outros casos poderia significar um perigo para a perseverança na escolha vocacional (matrimonial, sacerdotal, religiosa etc.) já assumida:

> Carlos e Ana namoram há pouco mais de um ano. Ela vem de uma família na qual, antes de se tomar uma decisão, analisam-se todos os prós e os contras, e, por fim, pede-se conselho aos avós e ao pároco para estar seguros e não errar. Ele sempre viveu numa pequena cidade e quando chegou a São Paulo depois de passar em um concurso no correio, parecia-lhe tudo muito difícil (atravessar a cidade de carro para trabalhar, arrumar a casa onde mora de aluguel, fazer operações bancárias...).
>
> Quando Carlos e Ana se conheceram, "intuíram" que eram feitos um para o outro, e as coisas pareciam andar nessa direção, a ponto de terem decidido casar-se. Mas, chegado o momento de concretizar essa escolha, começaram as dificuldades, porque cada um deles aspirava pela solução dos problemas do outro e já que essa solução não era dada, ou não era dada logo, colocaram em dúvida a própria opção matrimonial.
>
> O que está acontecendo entre Carlos e Ana? Inconscientemente na sua relação estão procurando reconhecer a insegurança que toca a um e a outro; uma vez que isso

não pode acontecer, e sobretudo não acontece porque um espera do outro, eles põem em dúvida a própria capacidade de serem perseverantes no casamento que ambos desejam viver conforme os critérios do amor cristão.

Em outros casos ainda, isso significa uma diminuição da eficácia apostólica, porque o que se realiza é apenas um bem aparente e não um bem real.

É o caso de Marcos, coordenador de "lobinhos", que, após a última saída com eles e as "bandeirantes" decidiu deixar o serviço, ele que era chamado de chefe pela comunidade. Ficou aborrecido pelo fato de que, pela quarta vez, a catequese que havia preparado para os jovens não fora bem aceita por eles, não surtiu os resultados esperados, pelo contrário, foi até ridicularizada. Dessa vez os "lobinhos" se divertiram atirando sementes um no outro, enquanto Marcos explicava a parábola do semeador. Para Marcos foi um verdadeiro fracasso. Chegando em casa exclamou: "Esse grupo é mesmo uma terra pedregosa; a Palavra de Deus jamais conseguirá extrair algo de bom desses jovens". E, no entanto, para preparar o ambiente adequado havia dedicado um bocado de tempo, deixando até de fazer um passeio à praia com os amigos.
O que aconteceu? A motivação preponderante com que até então Marcos havia preparado a catequese do grupo é representada pela necessidade de "chamar atenção", de "ter sucesso", em vez de levar os seus "lobinhos" a conhecer e a amar a Cristo; quando os "resultados esperados" não se concretizaram, Marcos deixou todo o trabalho de evangelização, chegando a pôr em dúvida a eficácia intrínseca da Palavra de Deus e queixando-se de que os jovens de hoje não são receptivos ao anúncio do Evangelho.

Partindo dessas considerações gerais sobre o ser humano *enquanto tal*, podemos dizer que em cada homem e em cada mulher há potencialidades e limitações na liberdade de autotranscendência teocêntrica, de diversos tipos e medidas; e que é importante conhecê-los para poder ajudar cada pessoa a corresponder sempre mais livremente à vocação para a qual cada um foi criada. Eis, pois, a necessidade de que na formação, aos poucos, se possa aprofundar o ponto seguinte.

b) A pessoa *na sua unicidade e irrepetibilidade.* Esse aspecto da nossa reflexão faz-nos entrar no âmago da experiência educativa: o verdadeiro formador sabe adaptar tempos e modos da proposta educativa — que em última análise é a pessoa de Cristo — à individualidade das pessoas a ele confiadas pelo Senhor, analogamente ao que santo Inácio de Loyola recomenda a quem prega os Exercícios Espirituais.[14] Daí deriva a importância de conhecer diretamente a pessoa que pede para ingressar na formação para fazer a sua escolha vocacional, segundo três aspectos fundamentais:

---

[14] INÁCIO DE LOYOLA. *Exercícios Espirituais,* n. 18: "É necessário adaptar os Exercícios espirituais às disposições das pessoas que os querem fazer, tendo em conta a idade, a ciência, o talento [...]". Há, porém, uma diferença que será explicada melhor a seguir: enquanto o diretor dos exercícios espirituais "dá a cada um aquilo que melhor o poderá ajudar e mais aproveitará, conforme as suas disposições interiores", o formador se preocupa também em ajudar cada pessoa a tomar consciência e, com a ajuda da graça, procurar encarar as limitações da liberdade efetiva de autotranscendência teocêntrica não relacionadas diretamente com uma recusa voluntária em tornar-se interiormente disposto.

• *A história familiar:* a constituição da família, a descrição dos vários membros, os papéis por eles assumidos; as condições de saúde, as ocupações e a conduta social; as relações com o pai, com a mãe, juntos e separadamente; as relações com os outros familiares; as proibições, os valores transmitidos, as alianças estabelecidas entre os membros da família, as suas esperanças, a valorização global da família, com especial atenção ao modo de a pessoa sentir como foram vividas as relações afetivas.

• *A história pessoal:* as primeiras lembranças, as recompensas e as punições; a saúde, os dinamismos, as amizades com pessoas da mesma idade; os ambientes educativos e de cunho sociopolítico freqüentados; o histórico e os resultados escolares; as ocupações, as relações com outras pessoas significativas além daquelas familiares; as inclinações e os comportamentos sexuais; as etapas da formação moral e religiosa, as motivações e os passos dados no amadurecimento vocacional; os períodos mais difíceis e mais satisfatórios e o modo como são vividos.

• *Alguns aspectos significativos da personalidade*: descrição de si, descrição dos outros, a maneira pela qual é considerado pelos outros; áreas de sucesso e de fracasso; aspirações, fantasias, emoções, humores, caráter; programação diária, hábitos higiênicos, estado de saúde; sonhos, passatempo, interesses, criatividade; habilidades manuais, intelectuais e de comunicação; capacidade de pôr fé nos esforços assumidos e nos que lhe foram atribuídos; capacidade de adaptação a diversos meios e ministérios; iniciativas sociais, significado da vida, valores da vida espiritual como proclamados e como vividos; relações na comunidade em que se está inserido (família, fraternidade sacerdotal, grupo de apostolado na paróquia, comunidade religiosa).

Todos esses dados do cotidiano podem ser coletados com discrição e gradualmente ao longo dos colóquios que o formador poderá ter com a pessoa, durante os primeiros passos no caminho do discernimento, que parece bom iniciar já *antes*[15] de admiti-la na estrutura educativa vocacionalmente caracterizada. Esse "exame geral" deixa claras as atitudes que ocorrem mais freqüentemente na vida do candidato, e que exprimem ao mesmo tempo a adesão aos valores proclamados e a satisfação das necessidades, a respeito das quais nem sempre a pessoa tem consciência.

Às vezes, para melhor e mais profundo conhecimento da índole e da maturidade da pessoa, poderia ser útil recorrer também à consulta de pessoas adequadamente preparadas e competentes no campo psicopedagógico.[16] A esse respeito parece necessário fazer algumas observações muito importantes.

1. A consulta pode ser proposta para ajudar a pessoa a conhecer-se melhor em vista do fim último para o qual foi criada, que é o de "louvar, reverenciar e servir a

---

[15] A propósito da oportunidade de que essas informações sobre a pessoa sejam recolhidas *antes* do seu ingresso em uma casa de formação, é útil a referência que encontramos naquela obra-prima de sabedoria educativa que são as *Constituições da Companhia de Jesus*, nn. 2, 146, 196.

[16] *Código de Direito Canônico* (CDC), can. 642.

Deus nosso Senhor, e assim salvar a sua alma"[17] na vocação específica recebida do Senhor.

2. Os meios empregados devem ser proporcionais ao fim último para o qual a consulta é proposta: seria útil, por isso, que as pessoas às quais se recorre para conseguir essa consulta compartilhassem ou pelo menos fossem respeitosas quanto ao alcance dos valores do candidato e da escolha de vida que pretenda fazer.

3. O direito de cada pessoa em defender a própria intimidade não pode ser violado por ninguém,[18] pelo que a consulta psicopedagógica pode ser só *proposta* e nunca imposta; com certeza, seria útil que o formador avaliasse se a recusa de uma pessoa a acolher a proposta de consulta psicopedagógica está fundamentada sobre motivações maduras ou não.

4. Um dos meios utilizados no campo psicopedagógico pode ser o dos testes ou diagnósticos, cujos resultados, contudo, são avaliados à luz dos dados colhidos no cotidiano. Não se pode considerar um psicólogo honesto e competente quem fundamenta a própria avaliação da personalidade única ou preponderantemente nos resultados de um teste; assim como não pode ser considerado médico sério e competente quem fundamenta o próprio diagnóstico única ou preponderantemente nos resultados provenientes da análise de uma

---

[17] Inácio de Loyola. Princípio e fundamento. In: *Exercícios Espirituais*, n. 23a.

[18] Cf. CDC, can. 220.

coleta de sangue ou de urina, sem ter encarado o duro trabalho de uma entrevista — para saber mais sobre o paciente — e de um minucioso exame objetivo do mesmo.

5. A consulta psicopedagógica pode oferecer novos e úteis elementos de conhecimento da pessoa, especialmente no que diz respeito ao modo de a pessoa viver o alcance dos valores naturais e o lado inconsciente da personalidade; mas esses aspectos não podem ser considerados exaustivos em relação à pessoa enquanto extrapolam o campo de suas indagações: as escolhas feitas com base em um conjunto de valores objetivos autotranscendentes revelados, a vida da graça e a ação do Espírito Santo.

6. A consulta psicopedagógica é isso, pois, em última análise, cabe ao formador o direito e a responsabilidade da admissão ou não do candidato à casa de formação. Certamente tomar em consideração eventuais novos elementos adquiridos pode ajudar em duas direções:

• poder-se-ia excluir aqueles que atualmente não têm disposições suficientes para encetar um caminho de formação longo e diligente, que se tornaria para eles causa de insatisfação e de sofrimento mais do que de ajuda para um crescimento humano e vocacional;

• poder-se-ia ajudar de modo mais profundo e adequado cada uma das pessoas que demonstra ter essas disposições, de modo que consigam corresponder sempre mais à vocação recebida. Tudo isso, em última análise, é conveniente para a procura do bem real de cada pessoa, das comunidades de formação em que está inserida, das comunidades cristãs para as quais será enviada, ou seja, no fundo, para "um maior serviço a Deus e um maior bem universal".[19]

Alguns exemplos do que viemos dizendo até aqui podem ser reconhecidos na formação que Cristo mesmo ofereceu à adúltera, a Pedro e ao endemoninhado de Gerasa que pedia para segui-lo: cada um deles foi ajudado de maneira profunda e adequada à sua personalidade, ao papel que exercia e ao meio em que vivia, sempre em vista do fim para o qual foi criado.

A mulher surpreendida em adultério (cf. Jo 8,1-11) apresentava uma predominância de limitações da liberdade de autotranscendência teocêntrica para uma escolha consciente de pecado, pelo que lhe é proposto: "Pode ir, e não peque mais" (Jo 8,11).

Pedro, que reprova Jesus quando anuncia pela primeira vez a sua paixão (cf. Mc 8,31-33), apresentava uma predominância de limitações da liberdade de autotranscendência teocêntrica por uma imaturidade relacionada com a satisfação inconsciente de uma necessidade de evitar o sofrimento físico, pelo que Jesus o repreende: "Fique longe de mim, satanás! Você não pensa as coisas de Deus, mas as coisas dos homens" (Mc 8,33). É importante enfatizar como a satisfação instintiva, imediata dessa necessidade leva Pedro não só a procurar o que é importante para si mesmo, mas a tornar sacrificado e lento o seu processo de discernimento e de decisão para seguir concretamente Jesus, chegando a faltar à caridade para com Cristo enquanto o repreen-

---

[19] *Constituições da Companhia de Jesus*, n. 618.

de e também para com os irmãos, que esperavam dele o testemunho de uma total identificação com Cristo, para a maior glória de Deus e a participação sempre mais plena na obra salvífica do Pai.

O endemoninhado de Gerasa, que depois de curado por Jesus pede para segui-lo (cf. Mc 5,1-20), provavelmente ainda apresentava uma predominância de limitação da liberdade de autotranscendência teocêntrica pelas dificuldades de viver em paz e de modo suficientemente estável consigo mesmo, com os outros e com o próprio trabalho; o Senhor não permite que ele o siga, conhecendo bem as dificuldades e as exigências do ministério apostólico, mas lhe diz: "Vá para casa, para junto dos seus, e anuncie para eles tudo o que o Senhor, em sua misericórdia, fez por você" (Mc 5,19): a sua santificação se realiza em um lugar que o possa apoiar, com pessoas e estruturas institucionais claras.

A finalidade da formação

Após ter procurado responder à pergunta sobre quem é o sujeito da formação, que é o ponto de partida de qualquer processo educativo, podemos agora nos perguntar para qual fim o sujeito caminha.

Essa questão é importante porque, como diz santo Tomás, "todo agente age por uma finalidade. Caso contrário, da ação não poderia resultar um efeito em vez de outro, senão por acaso":[20] portanto, se quisermos que a

---

[20] Tomás de Aquino. *S. Th.*, I, q. 44, a. 4.

nossa ação formativa produza efeitos homogêneos, é necessário que ela se volte para um fim e que esse fim seja declarado explicitamente.

Além disso, "o fim, mesmo sendo a última coisa quanto à execução, é, contudo, a primeira quanto à intenção daquele que age":[21] portanto, para quem é chamado a desenvolver um serviço na pastoral vocacional é útil ter clara a finalidade do próprio agir já antes de lançar-se ao próprio agir.

E ainda há de se dizer que "da finalidade depende a natureza do que é destinado ao fim":[22] portanto, os conteúdos, os meios e os educadores requeridos para a formação de uma monja de clausura são diferentes daqueles requeridos para a formação de uma missionária leiga ou para a preparação ao casamento de uma noiva. É claro que para qualquer uma delas o "fim último" consiste na glorificação de Deus-Trindade, na união com ele na plenitude do amor e na santificação e na perfeição própria e dos outros, por meio do seguimento e da imitação de Cristo, participando na sua cruz e vivendo em comunhão íntima com ele; contudo, para cada estado de vida há um "fim próprio" que, por um lado, resulta da exaltação de um dos aspectos do "fim último" (por exemplo, o apostolado) mais do que de outro (por exemplo, a contemplação ou as obras de caridade), e, por outro lado, da preferência dada a alguns meios em relação a outros para atingir o "fim último" e o "fim específico".[23]

---

[21] Ibidem, q. a. 1, ad 1.

[22] Ibidem, q. 1, introdução.

[23] Cf. *La Civiltà Cattolica* IV (1990) 105-109.

Para concluir, a finalidade da formação consiste em ajudar o ser humano a autotranscender-se teocentricamente por amor, como Cristo, e, assim, realizar sempre mais o projeto inicial da criação, ser "à imagem e semelhança de Deus"(Gn 1,26), amadurecendo a própria identidade em um estado de vida específico.

A questão que podemos nos fazer é a de saber de que tipo de identidade se trata.

A resposta vem de são Paulo: "Quanto a mim, foi por meio da Lei que eu morri para a Lei, a fim de viver para Deus. Fui morto na cruz com Cristo. Eu vivo, mas já não sou eu que vivo, pois é Cristo que vive em mim. E esta vida que agora vivo, eu a vivo pela fé no Filho de Deus, que me amou e se entregou por mim" (Gl 2,19-20). A identidade em amadurecer não consiste em algo definido apenas subjetivamente ("eu a vivo pela fé no Filho de Deus"), nem em algo que é fruto de uma pressão social (por exemplo, uma moda) ou de um contrato entre pessoas (como é "a Lei") nem mesmo na tomada ocasional de algumas atitudes ordenadas ou propostas por uma autoridade externa (por exemplo, um sociólogo, um psicólogo da religião). Trata-se, antes, de encaminhar-se livre e generosamente para a identificação dinâmica com a pessoa de Cristo mediante a interiorização dos valores objetivos que ele nos revelou, e que o Espírito Santo transmite e vivifica na Igreja, Corpo místico de Cristo. Tudo isso ajuda a "viver para Deus", ou seja, a descobrir como só no autotranscender-se teocentricamente por amor como o Filho de Deus, poder-se-á atingir também a auto-realização plena e autêntica.

A finalidade da formação transforma-se, portanto, em progressiva configuração com Cristo por parte das pessoas, na vida cotidiana, de tal modo que possam sempre mais sentir com Cristo, pensar como Cristo, agir *in persona Christi*, motivadas principalmente pelo fato de querer construir o Reino de Deus, fazendo a vontade do Pai até as últimas conseqüências, por amor, por imitação a Cristo, no estado de vida para o qual ele as chamou.

Para converter em prática essa finalidade é claro que não bastam seis anos de seminário, nem seis/nove anos antes da profissão solene para uma pessoa chamada para a vida religiosa, nem dois anos de namoro com um curso de noivos em dez encontros. Eis, portanto, a necessidade de uma formação permanente!

Além disso, são necessárias pessoas e meios como instrumentos para propor e avaliar a interiorização dos valores objetivos revelados, ou seja, os conteúdos da formação.

Portanto, é útil uma palavra a mais sobre os conteúdos a transmitir na formação e sobre as pessoas e os meios concretos para realizar o fim último que procuramos explicitar.

Os conteúdos da formação

O tema dos conteúdos, ou seja, dos valores e das atitudes a transmitir na formação, já foi tratado nos capítulos anteriores. Sendo que a sua exposição foi bastante ampla, mesmo que não se tenha querido — e na realidade não se pode — exaurir toda a reflexão que pode ser feita sobre os aspectos centrais de qualquer pastoral vocacional. Entretanto, gostaria de fazer algumas considerações mais gerais sobre os conteúdos a serem transmitidos.

Quando um jovem se apresenta numa instituição de formação (postulantado, seminário, paróquia) para ser ajudado a crescer nos valores do estado de vida escolhido, não raro por parte dos formadores se pensa que, pelo fato de ele ter feito uma escolha vocacional, está pronto para aceitar os valores específicos relacionados à escolha da vida matrimonial ou sacerdotal, religiosa, missionária etc.

Na verdade, essa é uma justaposição que, não podendo sempre ser encontrada na realidade, apresenta-se como algo questionável e que tem de ser, pelo menos, observada em cada pessoa. Acontece, de fato, — e não raramente — que a pessoa que pede para entrar na vida religiosa ou na vida matrimonial não percorreu ainda todas as etapas do longo e exigente processo de desenvolvimento durante o qual se aprende a tornar próprios os valores naturais e autotranscendentes, morais e religiosos. A experiência vivida no campo educativo nos mostra que a interiorização inadequada desses valores torna mais difícil e lento o caminho do crescimento vocacional até o ponto em que o sujeito, encaradas as dificuldades que encontra no viver os valores do estado vocacional escolhido, pode chegar a pôr em dúvida a própria autenticidade da escolha vocacional. A interiorização dos valores naturais e dos valores transcendentes, morais e religiosos é então uma condição necessária, embora não suficiente, para interiorizar valores vocacionais. "Não suficiente" porque, como diremos adiante, só o Espírito Santo desenvolve uma ação especial e insubstituível no processo de interiorização dos valores vocacionais. Permanecendo inabalável essa consideração sobre a essencialidade da ação da graça e a partir da convicção de que a graça não tira a natureza do caminho, mas a aperfeiçoa,[24] parece útil que, no processo de discernimento inicial e também no caminho da formação permanente, verifique-se e eventualmente também seja apoiada a interiorização dos valores naturais e autotranscendentes, morais e religiosos, de modo a favorecer a ação da graça e a resposta do ser humano no estado de vida escolhido.

A essa altura pode-se perguntar de que valores se trata. Seguindo a classificação dada por J. De Finance,[25] podemos distinguir:

Valores naturais

São aqueles concernentes à natureza sensível ou espiritual do ser humano e não do homem como tal. Entre eles distinguimos:

---

[24] Cf. Tomás de Aquino, *S. T.* I, 1. 1, a. 8 ad 2.

[25] Cf. de Finance, J. *Etica Generale*. Cassano, Edizione del Circito, 1986. pp. 54-57.

a) Valores infra-humanos

São aqueles que valem para a natureza humana, mas não são específicos dela:

- valores da sensibilidade: tudo o que é prazeroso;

- valores biológicos: tudo o que é salutar e que garante a saúde física;

Quem não consegue apreciar esses valores ou não sabe vivê-los de modo subordinado aos valores da natureza humana e aos valores transcendentes, com grandes dificuldades conseguirá apreciar e viver os valores revelados por Cristo.

Por exemplo, um homem casado que busca prazer ao ingerir álcool ou drogas dificilmente conseguirá manter os compromissos da vida social e amar a esposa e os filhos, como Cristo amou a Igreja; uma pessoa consagrada que trabalha tão freneticamente a ponto de não reservar tempo adequado para o repouso, a fim de salvaguardar a saúde, com grande dificuldade conseguirá viver uma vida totalmente dedicada à glória de Deus no exercício do amor fraterno segundo a missão recebida.

b) Valores humanos inframorais

São os que valem para a natureza humana de maneira específica, no sentido de que implicam faculdades próprias do ser humano. Distinguimos entre eles:

- valores econômicos: a prosperidade econômica;

- valores eudemonísticos: tudo o que leva a maior parte dos homens a se julgar feliz porque foi bem-sucedido em algum empreendimento;

• valores noéticos: o verdadeiro, o aprofundamento do conhecimento;

• valores sociais: a coesão e a prosperidade do grupo ou da nação a que se pertence, a condição da relação social, o caráter forte de orientador, o espírito de iniciativa social;

• valores concernentes à vontade enquanto natureza: a força de caráter, a perseverança na provação, a capacidade de recompor-se após um fracasso.

Esses valores são característicos da espécie humana e, portanto, observa-se a sua presença na pessoa que pede para ingressar na vida religiosa, mas não lhe dizem respeito naquilo que ela tem de próprio, ou seja, o exercício responsável da sua liberdade em autotranscender-se na direção do fim último: o amor teocêntrico — como Cristo fez —, que mede realmente o valor da pessoa na sua totalidade.

Tudo isso tem implicações muito importantes no campo da formação. Se de fato a pessoa não desenvolveu ainda adequadamente uma vontade capaz de recolocar-se após um fracasso na atividade empreendida, dificilmente poderá enfrentar as dificuldades ordinárias e extraordinárias, presentes em uma vida de casal, em uma vida religiosa comunitária ou em uma vida de evangelização em terra de missão. Além disso, não basta que uma pessoa seja capaz de viver de modo brilhante as suas relações interpessoais, para dizer que será um homem de Igreja, ou um bom marido, ou um bom sacerdote, educadores conforme o modelo de Cristo; nem mesmo basta que uma pessoa seja dotada de inteligência especulativa no campo teológico, para dizer que será uma boa teóloga, isto é, uma pessoa que ajuda os outros a conhecer o Deus revelado em Jesus Cristo, para sempre amá-lo e servi-lo nos irmãos.

Valores autotranscendentes

São os que comprometem a pessoa na sua integrabilidade, portanto, no exercício do que tem de mais típico, a liberdade, para uma autotranscendência na direção daquele que é "totalmente Outro". Entre esses valores distinguimos:

a) Valor moral[26]

Ele diz respeito à ordem prática e concerne à ação humana enquanto procede da livre vontade da pessoa. É o que mede realmente o valor do ser humano, porque averigua implicitamente a sua posição em relação a algo que é "absoluto" e que não pode ser instrumentalizado para conseguir outros fins. O Concílio Vaticano II dá indicações úteis a respeito, falando da formação para a maturidade humana nos seminários: essa

> se manifesta numa certa estabilidade de ânimo, na capacidade de tomar decisões ponderadas e de saber apreciar corretamente as pessoas e os acontecimentos. Procurem melhorar o próprio caráter; cultivar a magnani-

---

[26] Cf. Ibidem, pp. 70-75.

midade e todas as virtudes que convêm a um ministro de Cristo, no trato com as pessoas, tais como a sinceridade, a exigência de justiça, a fidelidade ao prometido, a afabilidade, a modéstia no falar unida à caridade.[27]

b) Valor religioso[28]

É o que põe explicitamente as pessoas e as coisas em relação com Deus, realidade pessoal autotranscendente, fundamento último de qualquer valor e da própria pessoa, com uma atitude de total entrega e submissão pessoal.

Mesmo quanto aos valores autotranscendentes, morais e religiosos, deve-se frisar como a sua interiorização inadequada tornará extremamente difícil e penoso um caminho de crescimento vocacional. Se, de fato, uma pessoa não se relaciona com os outros segundo o valor da sinceridade, como pode o religioso viver o voto de obediência, que requer uma sincera abertura de consciência para permitir ao superior tomar as decisões mais adequadas, como representante de Deus? E, por fim: Como poderá viver uma vida de oração constante e profunda como encontro entre um pai e filho, aquele que não se põe na atitude de entrega confiante ao "totalmente Outro", específico do valor religioso?

As considerações desenvolvidas até aqui tinham como objetivo sublinhar a importância de verificar a existência de um terreno pessoal que fosse suficiente e

---

[27] *Optatam totius*, 11.

[28] Cf. RULLA, *Anthropology...*, cit., pp. 161-162.

adequadamente alimentado por valores naturais e auto-transcendentes não revelados, sobre o qual se pudesse disseminar os germes dos valores revelados, aqueles valores cristãos em geral e os mais especificamente vocacionais.

Como se pode compreender pelo que ficou dito, a formação continuada tem, portanto, entre suas finalidades também a de uma contínua verificação e dinamização de valores não explicitamente cristãos e vocacionais, mas sem os quais se corre o risco, como diz o Evangelho, de construir uma casa sobre a areia (cf. Mt 7,26-27).

Quanto aos conteúdos mais explicitamente cristãos e vocacionais, a formação permanente deverá preocupar-se com os múltiplos aspectos que se seguem. Deverá oferecer uma introdução homogênea aos mistérios centrais da fé cristã, pondo em evidência como as verdades da fé não são todas iguais, e como entre elas há uma relação hierárquica. Não raro acontece que algumas pessoas que pedem para abraçar o estado de vida sacerdotal têm os conhecimentos mais essenciais de catequese: para elas, entre Jesus Cristo, Filho de Deus e os profetas do Antigo Testamento não há diferença; a adoração do Santíssimo Sacramento equivale a uma reflexão pessoal feita deitado na grama; a participação na eucaristia pode ser substituída pela recitação do terço; a ressurreição dos mortos equivale à imortalidade da alma.

• Propor o Evangelho na sua integridade, com clareza e sem tirar nem pôr mediante uma mal-entendida "adaptação aos sinais dos tempos".

• Propor o amor à Palavra de Deus e aos sacramentos, lugares privilegiados do conhecimento do mistério de Cristo e fontes nas quais buscar a força para o difícil e árduo caminho da vida cristã.

• Propor a oração litúrgica, pessoal e comunitária, a meditação e o exame de consciência como lugar do encontro e da união com Deus.

• Propor uma vida cristã na qual se exercitam as virtudes teologais e cardiais como caminho para a santidade, amando os irmãos no seguimento de Jesus Cristo.

• Propor o valor salvífico encontrado no sofrimento, quando é oferecido em união com o sacrifício na cruz.

• Propor os valores específicos de toda vocação. Por exemplo, no matrimônio a unidade, a indissolubilidade, a fidelidade, a comunhão de vida para o bem recíproco e para a procriação e a educação dos filhos; na vida religiosa o seguimento de Cristo e a realização do amor perfeito por meio da prática dos conselhos evangélicos, testemunhando a vida nova e eterna adquirida pela redenção de Cristo;[29] no ministério sacerdotal o zelo apostólico para anunciar o Evangelho de Cristo, o amor à Igreja local, a celebração do culto divino e o sacrifício da missa, em que o sacerdote age "em nome de Cristo".[30]

---

[29] Cf. *Lumen gentium*, 44.

[30] Ibidem, 28.

Os formadores

Chegamos assim a examinar o aspecto que mais diretamente nos envolve com o papel educativo que a Igreja confiou a cada um de nós, ainda que em âmbitos e com responsabilidades diferentes uns dos outros. Trata-se de responder à pergunta: "quem são os responsáveis pela formação daqueles que estão pondo ou já puseram em ação uma escolha vocacional?".

O cardeal Carlo Maria Martini, com grande realismo e espírito de fé, escolheu a expressão *Deus educa o seu povo* para intitular o programa pastoral 1987/1989 da diocese de Milão (Itália).

Referir-se a Deus como aquele que é o responsável último pela formação de cada um de nós e de cada pessoa a nós confiada é utilíssimo para evitar o perigo de oscilar entre:

• *sentimentos de onipotência*, pelos quais podemos chegar a pensar que apenas nós mantemos em pé a comunidade religiosa na qual se vive situações de tensão; que sem a nossa presença e trabalho a comunidade não "andaria"; que se fôssemos nós os responsáveis pelo curso de preparação para o casamento ver-se-ia quantas famílias cristãs conseguiríamos trazer à luz;

• *sentimentos de impotência*, gerados pelo fato de que, como os discípulos de Jesus, "tentamos a noite inteira, e não pescamos nada" (Lc 5,5): e então nos perguntarmos para que serve trabalhar tanto na formação se não se vêem os frutos.

Oscilar entre esses sentimentos leva-nos a ficar fora da realidade, subtraindo-nos ao que seria o nosso papel específico de "servos" a fazer frutificar proporcionalmente os talentos recebidos, cada um segundo as próprias capacidades (cf. Mt 25,14-30).

Deus é, portanto, o principal educador! No seu imperscrutável plano de salvação ele, porém, quer servir-se de "instrumentos" que cooperem na sua obra educativa. Podemos distinguir a esse propósito:

a) *instrumentos humanos:* são as pessoas que receberam a missão de trabalhar explicitamente na formação;

b) *meios concretos de ajuda:* são aquelas experiências ou estruturas que podem ser úteis no caminho de discernimento e de crescimento vocacional.

a) Instrumentos humanos

No decreto sobre a formação sacerdotal, entre outras coisas se afirma que

> a educação é fruto de normas sábias, mas, sobretudo, de educadores capazes. Os diretores e professores de seminário sejam escolhidos entre os melhores e preparados para o exercício dessas funções por uma sólida doutrina, a devida experiência pastoral e uma adequada formação espiritual e pedagógica.[31]

---

[31] *Optatam totius,* 5.

Portanto, alguém "se torna formador" mediante um longo e sacrificado caminho de preparação. Uma das instâncias mais fortes emanadas do último Sínodo dos bispos tem sido exatamente esta: a necessidade de cuidar de modo mais adequado da formação daqueles que o Senhor quer como colaboradores diretos na obra educativa do seu povo.

Podemos dizer que para ser formador não basta apenas a boa vontade nem mesmo o bom senso comum. O que importa é uma preparação e uma experiência adequadas no campo doutrinal, pastoral, espiritual e pedagógico, integradas harmonicamente em uma personalidade humana madura.

Sobre esse ponto, procuramos trazer à luz alguns requisitos que deveriam marcar a figura de um "formador".

• deverá ser uma pessoa que, conhecendo a natureza humana, possa agir em duas frentes: por um lado, propondo os valores autotranscendentes objetivos revelados por Cristo, e, por outro, ajudando pessoalmente a distinguir e a encarar as dinâmicas conscientes e inconscientes que, de fato, limitam a liberdade das pessoas em tornar seus os valores objetivos apresentados.

E mais, deverá ser uma pessoa que testemunhe com a própria vida, mais do que com as palavras, que a plena realização do ser humano se dá na autotranscendência teocêntrica por amor, como Cristo fez, ou seja, ele vive aquilo que diz e diz o que vive. Só assim pode-se evitar o envio de "mensagens ambíguas" que não só não ajudam as pessoas em formação, mas, na realidade, acentuam as suas imaturidades, tornando sempre mais cansativo o seu caminho de crescimento vocacional.

Por exemplo, padre Domingos, mestre de noviços, faz uma bela palestra sobre o valor da castidade, como valor instrumental para o Reino de Deus, graças ao qual a pessoa está sempre mais livre para amar a Cristo, sem manter ligado o cordão umbilical que a faz depender de figuras masculinas ou femininas. Mas, padre Domingos tem uma necessidade inconsciente de dependência afetiva e de reconhecimento dos outros; por isso, quando Tomás, um dos noviços que o apóia nas discussões comunitárias, não faz a meditação matinal para tomar o café no quarto com outros dois noviços, padre Domingos evita colocá-lo em confronto com a proposta do valor objetivo da oração pessoal, com medo de que também ele o contrarie. Tomás, não sendo nunca questionado pelo mestre de noviços, fala sempre bem dele, e padre Domingos encontra sempre mais dificuldade de admoestá-lo nesse aspecto de sua vida pessoal. Procedendo assim, padre Domingos ensina verbalmente que não se deve depender de figuras masculinas ou femininas, mas na prática ele depende da aprovação de Tomás. O que se concretiza não é um bem real, nem para o padre Domingos, que não vive o valor da castidade que, no entanto, ele proclama em palavras, nem para Tomás e os outros noviços, que inconscientemente estão aprendendo que basta incensar o próprio superior para fazer o que se quer, ainda que isso não corresponda ao valor objetivo proposto.

É útil para o formador empreender esse caminho de contínua averiguação das motivações encontradas na raiz das próprias atitudes, pois assim ele estará sempre mais consciente de que não há de se esperar resultados brilhantes nem mesmo imediatos: o crescimento biológico, como o psicológico e vocacional, requer muito tempo!

Descobre-se assim que o mais importante na formação não são os resultados, mas o ter ajudado as pessoas a se pôr em movimento; pessoas que, talvez por muitos anos, tenham ficado presas em esquemas recorrentes de comportamento, autênticos círculos viciosos, os quais, além de deixá-los insatisfeitos, não permitiam um crescimento na direção dos valores, apesar de valorizados e proclamados.

• O formador deveria, pois, estar em condições de avaliar o significado das atitudes tomadas antes, durante e depois da formação.

Concretamente pode acontecer que depois de ter ouvido o diretor espiritual do seminário proclamar o valor da oração, o seminarista Giovani vá rezar todas as noites sempre na mesma hora. Essa é uma atitude nova que precisa ser examinada para avaliar o seu significado: o seminarista poderia, de fato, tomá-la por várias razões.[32]

> • Porque inconscientemente espera receber a aprovação de seu assistente ou porque teme perder a sua estima se não o fizer; no fundo, esse seminarista não tem convicção do valor da oração, mas se adapta exteriormente a um pedido proveniente do meio educativo; falamos nesse caso da atitude de complacência. O que acontecerá a esse seminarista? Quando for para casa nas próximas férias, não só não irá fazer sua oração pessoal à noite, mas até mesmo "esquecerá" de rezar o ofício das Laudes e das Vésperas. Como se vê, trata-se de uma atitude passageira relacionada com as circunstâncias externas de aprovação ou de medo da punição.

---

[32] Cf. RULLA, *Anthropology...*, cit., pp. 348-353.

• Porque inconscientemente o ser fiel à oração permite-lhe sentir-se um seminarista corajoso, um seminarista exemplar, e assim, a imagem e a auto-estima são aumentadas; no fundo esse seminarista crê no valor da oração e a faz sua interiormente, mas na realidade lhe serve para não experimentar sentimentos de culpa se naquele dia devesse faltar à oração: falamos nesse caso de *identificação "não-internalizante"*. O que acontecerá com ele? Em casa, nas férias, vai rezar à noite, sempre na mesma hora, mesmo quando a mãe, numa situação especial, pedir-lhe que postergue a reunião com o Senhor em uma hora para poder ficar com o avô, doente terminal, durante a curta ausência dela. Como se vê, trata-se de uma atitude extrema, rígida, estereotipada, que é importante para a pessoa, pois, se não a adotasse, se sentiria fracassada.

• Porque inconscientemente ser fiel à oração lhe permite identificar-se com um companheiro de seminário que lhe serve de exemplo no amor desinteressado a Cristo; esse seminarista crê no valor da oração e a faz sua interiormente, reza porque isso o ajuda a reconhecer a própria imagem que se põe de acordo com os valores proclamados e que ele vê encarnados naquele companheiro de formação. Falamos nesse caso de *identificação "internalizante"*. O que acontecerá a esse seminarista nas férias? Rezará todas as noites, sabendo adaptar-se também aos diversos costumes familiares e paroquiais; mas se alguma noite a sua auto-imagem não se sentir gratificada pela oração, poderia interrompê-la um pouco antes ou deixar de fazê-la naquela noite.

• Porque ser fiel à oração permite-lhe identificar-se com o próprio Cristo que ora e se volta com espírito filial ao Pai; esse seminarista crê na oração como valor em si e está livre e disposto para ser transformado pela oração, para fazer a vontade de Deus por amor, assim como

Cristo mesmo o fez. Falamos nesse caso de *interiorização*. O que acontecerá a esse seminarista? Durante as férias dedicará todos os dias um tempo adequado à oração pessoal, sabendo adaptar-se às diversas exigências da vida familiar ou paroquial, não tornando-se rigidamente dependente de um horário ou de uma capela, permanecendo fiel ao tempo estabelecido e à decisão livremente tomada por amor ao Senhor, independentemente do fato de naquele momento sentir-se ou não atraído pela experiência da oração, ou que durante a oração sinta ou não consolações.

O que é importante, nesse caso, não é apenas ter ajudado a pessoa a distinguir as razões que estão por trás de uma atitude, mas também ver como a pessoa reage diante do confronto que o formador sugerirá entre o valor objetivo proclamado e a atitude tomada não preponderantemente para aderir a um valor: é a pessoa capaz de passar de uma fase de complacência para uma de identificação "internalizante" ou de internalização na vida de oração.

Com esse exemplo concreto, o que foi dito a respeito da atitude da pessoa diante da vida de oração pode ser aplicado também às outras esferas da vida e da formação: estudo, relações interpessoais, a prática do amor, apostolado... É importante então averiguar o significado das novas atitudes não apenas singularmente, mas no quadro conjuntural dos valores propostos. Pode acontecer, de fato, que um seminarista viva de modo entusiasmado um dos aspectos da vida de formação (por exemplo, a vida apostólica), mas não os outros (por exemplo, o estudo, a oração, a vida em comunidade). Então será importante compreender o que está acontecendo: é um problema de equilíbrio ainda não atingido, uma propensão natural para a experiência de evangelização, ou será que esse seminarista na atividade apostólica está procurando a satisfação da necessidade de dependência afetiva ou de sucesso que nas outras esferas da formação não consegue atingir como esperava?

A tarefa do educador não se limita, contudo, ao fato de propor os valores objetivos de Cristo ou de ajudar as pessoas a distinguir os dinamismos conscientes e inconscientes que o caracterizam. Ele tem a possibilidade de ajudar as pessoas e de tomá-las pelas mãos, uma vez que estão conscientes do que as motiva a agir, para corrigir continuamente as motivações imaturas até então centrais em sua personalidade. Desse modo, com a ajuda de Deus, a pessoa sempre pode pensar, falar e agir, motivada preponderantemente pelos valores objetivos autotranscendentes teocêntricos por amor, como Cristo fez, mais do que pela recompensa imediata daquilo que é importante para ela mesma.

Evidentemente, nessa que é realmente uma revolução copernicana, uma mudança de horizontes, há muitas renúncias a fazer, e o formador poderá ajudar a dar sentido a tais renúncias. Em primeiro lugar um sentido de crescimento humano: passa-se da fase da infância, em que a criança faz as coisas para ganhar o afeto dos pais ou para evitar algum tipo de castigo, para a fase da adolescência, na qual se adere aos valores enquanto possibilitam um crescimento da auto-estima, e daí para a fase do ser humano adulto e maduro que adere livre e generosamente, com tudo que ele é, ao valor objetivo da pessoa de Cristo, pela importância intrínseca que tem, renunciando até mesmo à satisfação imediata alcançável, vivendo sob o impulso das necessidades dissonantes em relação ao valor. No viver predominantemente para o valor, por amor a Cristo, o ser humano adulto descobre a própria identidade e encontra a sua plena auto-realização, a de ser feito à imagem e semelhança de Deus.

Existe, além disso, um significado de crescimento cristão: o ser humano que acima de tudo vive conforme os valores autotranscendentes, revelados por Deus em Cristo, torna-se outro Cristo: faz como ele, isto é, por amor, a vontade do Pai, ainda que isso signifique renunciar à parte de si mesmo que preferiria o sucesso, os aplausos da multidão, a possibilidade de evitar injúrias ou sofrimentos físicos.

Há, por fim, um significado de crescimento na eficácia apostólica: o sacrifício ligado às inevitáveis renúncias para viver principalmente conforme os valores de Cristo, transforma-se em dom de amor se unido diariamente ao sacrifício de Cristo na eucaristia para a glória de Deus e para a salvação dos irmãos. Esse crescimento no amor torna mais fidedigna a missão da Igreja, aumentando a força de atração que a Providência utiliza para convidar os homens a dar uma resposta à vocação cristã e à vocação específica a eles concedida.[33]

Tudo isso requer um tempo bastante longo. É um processo que dura toda uma vida. Eis por que se fala de formação permanente!

---

[33] Cf. ibidem, p. 24.

b) Meios concretos de ajuda

Gostaria de concluir lembrando alguns "meios" (e como tais devem ser considerados) que poderiam ser empregados para tornar efetiva essa formação permanente.

Com certeza os meios vão se adequando e são proporcionais à fase da formação em que a pessoa se encontra, sendo que aquilo que pode ser essencial destacar numa fase é, talvez, prematuro em relação à outra; ou então o que pode ser proposto a uma pessoa pode não ser a outra que se encontra no mesmo período de formação. Sempre vale na formação o princípio inaciano da adaptação, segundo o qual todo meio tem valor enquanto ajuda a pessoa a encaminhar-se para o seu objetivo que, pela formação, é a sempre mais livre, responsável e integral internalização dos valores objetivos autotranscendentes por amor, da maneira como Cristo fez.

Colocadas essas premissas, podem ser consideradas como pilastras da formação permanente:

• *A experiência espiritual* alimentada na celebração da eucaristia e na liturgia das Horas, na prática fiel e freqüente (a cada 1-2 semanas) do sacramento da confissão, na adoração eucarística, na prática do saber ouvir e na meditação pessoal da palavra de Deus, na meditação dos clássicos da espiritualidade, no exame de consciência diário, na leitura da vida dos santos, na devoção a Maria, na prática devocional (*Angelus, Via Crucis*, o terço, as novenas de preparação para as mais significativas solenidades litúrgicas), nas práticas ascéticas (penitências, peregrinações, perseverança no trabalho diário, na missão a nós confiada pelos superiores em nome de Deus, no oferecimento das pequenas cruzes que se fazem presentes na vida cotidiana), em práticas espirituais diárias, semanais, anuais.

• *A experiência cultural* cultivada no sério e aprofundado conhecimento filosófico-teológico, mas também apoiada nas proveitosas contribuições provenientes das ciências humanas, com um método interdisciplinar; no aperfeiçoamento da sensibilidade artística, musical, literária; no conhecimento do mundo em que vivemos com as sua aspirações, seus conflitos e com suas contradições que precisam ser resolvidas.

• *A experiência pastoral* amadurecida em atividades apostólicas proporcionais à fase de crescimento humano, cristão e vocacional em que a pessoa se encontra (por exemplo, não seria adequada para um jovem de vinte anos de idade uma atividade apostólica no presídio Carandiru (São Paulo), com pessoas condenadas à prisão, pela evidente desproporção entre o estímulo emocional e a capacidade de controle de tal estímulo de que a pessoa é dotada nessa fase do crescimento); além disso, dever-se-ia tratar de experiências apostólicas preparadas previamente e verificáveis sucessivamente quanto à supramencionada proporcionalidade e à suficientemente estável integração com os outros aspectos da formação, específicos naquele estágio.

Um último "meio" de ajuda que pode ser proporcionado principalmente nos primeiros anos de formação é representado pelas *conversas sobre o crescimento vocacional* oferecidas individualmente para a pessoa a fim de que aprenda a conhecer-se a si mesma, até mesmo nas áreas do subconsciente. Em tais conversas o candidato é ajudado a concentrar-se em si mesmo e a construir aos poucos a própria identidade vocacional, centrada na pessoa de Cristo, levando os novos conhecimentos adquiridos sobre as motivações do próprio agir nas várias esferas da formação, na vida de oração brotada da reflexão, do exame de consciência e de petição, e tornando a apresentar nas conversas o que foi amadurecendo na oração, de tal modo que os diversos fatores educativos se integrem uns nos outros.[34]

A alma da formação permanente continua sendo o que a tradição cristã, há séculos, chama "direção espiritual". Provavelmente, com o passar do tempo não se dá mais o mesmo significado a essa expressão...

Gostaria de concluir deixando este capítulo em aberto, mas sugerindo-lhes algumas pistas que poderiam servir para ulteriores reflexões.

• A direção espiritual pode ser entendida hoje como a ocasião em que a pessoa é ajudada a continuar a passagem de uma totalidade escassamente distinta de emoções sentidas e de valores intuídos para um conjunto de experiências hierarquicamente estruturadas e integradas, cujo sentido último é o encontro com o Senhor?

• A direção espiritual pode ser entendida hoje como a ocasião em que a pessoa dá continuidade ao esforço para sair de si, mediante a integração das várias

---

[34] Cf. ibidem, pp. 388-395.

experiências da vida espiritual, cultural, eclesial, pastoral, a fim de voltar-se para o "totalmente Outro", tornando-se sua testemunha no mundo?

• A direção espiritual pode ser entendida hoje como o lugar em que com confiança se continua a pôr em movimento a própria vida, corrigindo as motivações submetidas às próprias atitudes, de modo a fazer prevalecer motivações ligadas aos valores de Cristo, a ponto de poder dizer com são Paulo: "Eu vivo, mas já não sou eu que vivo, pois é Cristo que vive em mim"? (Gl 2,20).

• A direção espiritual pode ser entendida hoje como o lugar em que o próprio formador aprende continuamente a ser como João Batista, aquele que prepara o caminho para o Senhor para depois colocar-se em segundo plano, dizendo "Ele, o Cristo, deve crescer e eu diminuir"? (Jo 3,30).

Sumário

Apresentação 5

1. FORMAÇÃO PARA OS VALORES RELIGIOSOS – E.-M. Zierl 9

O fim último da vocação cristã 9
Problemas que se encontram 16
*Vamos usar um exemplo
concreto* 17
As raízes do problema 20
A motivação humana 22
Possibilidades de solução ou
de ajuda 33

2. FORMAÇÃO PARA OS VALORES MORAIS – M. Uriati 37

Introdução: os valores morais
(o gigante, o anão e os castelos
no ar) 37
O que são os valores morais?
Jesus, a nossa vida e as nossas
opções 43
*A objetividade dos valores
morais* 43
*A identidade e o estilo de vida
de Jesus* 45
Como viver autenticamente os valores
morais?
A revolta, o conformismo,
a observância e o amor 50
O papel do subconsciente 50
Estilos de vida moral 53
Como formar para os valores morais?
O testemunho, o diálogo, o exa-
me de consciência e a decisão ... 64
A formação da consciência 64
Estilos de educação 66
Os meios concretos 70
Conclusão 74
"Tu, Senhor, nos és necessário" 74

3. FORMAÇÃO PARA A POBREZA E PARA A OBEDIÊNCIA – G. Santos 77

Pobreza 77
Pobreza como renúncia 79
A ânsia de possuir 81
Pobreza pessoal e comunitária ... 83
Pobreza como liberdade 87
A liberdade interior 88
*Procurar entender as próprias
motivações* 90
*Submeter à prova as próprias
motivações* 91
Pobreza como dom 93
O trabalho 94
Usufruir as coisas criadas 96
Obediência ....
A obediência e os jovens 98
Obediência e fé 100
Obediência e liberdade 102
Obediência e necessidades
humanas 103
Autonomia e dominação 104
*Tendências compatíveis com
a obediência* 105
*Tendências incompatíveis com
a obediência* 106
O conhecimento de si mesmo .. 107
Obediência e outros obstáculos 108
Agir por complacência 108
*Reviver relacionamentos
do passado* 112
Obediência e discernimento 113
Obediência e cruz 114

4. FORMAÇÃO PARA A MATURIDADE AFETIVA E PARA A CASTIDADE M. Nikic 117

Introdução 117
Explicação dos conceitos 118
Formação 118
Maturidade 119

Maturidade afetiva 119
Castidade 120
Importância e papel das emoções . 121
A definição de emoção 122
A avaliação intuitiva e reflexiva 123
As qualidades da pessoa
afetivamente madura 127
Capacidade de amar outra
pessoa e não só a si mesmo 127
Capacidade de controlar os
próprios instintos e impulsos 131
Capacidade de suportar coisas
desagradáveis, o sofrimento
e a renúncia 133
Ter uma consciência madura
e não infantil 135
Capacidade de manifestar
a própria agressividade
de modo controlado 137
Capacidade de viver
na verdade 139
Capacidade de ser autônomo ... 141
Formação para a maturidade
na castidade consagrada 142
A maturidade requerida pela
castidade consagrada 142
A natureza da sexualidade 143
Os meios para superar
as dificuldades 148
A maturidade dos educadores .. 153
Conclusão 155

5. FORMAÇÃO PARA O SERVIÇO E
PARA O APOSTOLADO
R. C. Fernandes 157

Introdução 157
Atitudes 162
a) Função utilitária 163
b) Função defensiva do Eu 164

c) Função expressiva dos
valores 165
d) Função de conhecimento 165
Eficiência e eficácia apostólicas 167
O desempenho de um papel e a busca
de um valor 168
O desempenho de um papel 169
A busca de um valor 172
Consistência defensiva e
consistência autêntica 173
Auto-realização
e autotranscendência 175
Como chegar à eficácia apostólica 178
Humildade 181
Amor 183
Renúncia pelo Reino 185
Conclusão 188

6. ORIENTAÇÃO ESPIRITUAL E
FORMAÇÃO PERMANENTE
R. Lamba 191

Introdução 191
A "necessidade" da formação 192
a) A necessidade da formação
"enquanto tal" 193
b) A necessidade da formação
"hoje" 194
O sujeito da formação 198
A finalidade da formação 213
Os conteúdos da formação 216
Valores naturais 218
a) Valores infra-humanos 219
b) Valores humanos inframorais .. 219
Valores autotranscendentes 221
a) Valor moral 221
b) Valor religioso 222
Os formadores 225
a) Instrumentos humanos 226
b) Meios concretos de ajuda 234

Impresso na gráfica da
Pia Sociedade Filhas de São Paulo
Via Raposo Tavares, km 19,145
05577-300 - São Paulo, SP - Brasil - 2006